삶이 내게 잘 지내냐고 물었다

삶이 내게 잘 지내냐고 물었다

김경집

인생이
힘겹고
외로울 때
꺼내 읽는

김경집의
인간학 수업

그래
도봄

좋은 사람과 아름답게 살기에도 삶은 짧다.

그 생각만 놓치지 않아도

삶의 밀도를 충일하게 만들 수 있다.

시시한 사람도 시시한 삶도 없다

"사랑해."

백 번 천 번 들어도 지겹지 않은 말이다. 아무리 지치고 힘들어도 그 말을 들으면 삶에 대한 고마움과 결의를 함께 느끼게 된다. 그 말이 애틋한 건 말하는 이와 듣는 이의 깊은 신뢰와 헌신이 따뜻하게 담겨 있기 때문이다.

선명한 기억 하나. 청년 시절 지리산에 가려고 밤차를 탔다. 창밖의 한 여자가 웃으며 '손'으로 말했다. 전혀 모르는 여자가 내게 어찌하여 손 인사를 건네나 싶어 의아했는데, 옆자리에 앉은 남자가 그녀에게 똑같이 손으로 말했다.

"사랑해."

당시 내가 아는 수어手語는 겨우 몇 마디뿐이었지만 그 말만은 또렷하게 이해할 수 있었다. 다른 손짓도 있었지만 수어에 손방인 나로서는 해석 불가였다. 아마도 건강하게 잘 다녀오라는, 또는 널 잊지 않겠다는 말이 아니었을까. 소리는 전해질 수 없어도 손짓만으로도 마음 깊은 곳에 자리한 깊고 너른 사랑을 전하는 고요한 언어. 그 짧은 수어는 가장 또렷한 사랑의 언어였다. 그런 수어로 조용히 말하고 싶다. 나에게, 삶에게 그리고 당신에게.

신나는 삶을 꿈꾸지만 가끔은 삶이 모지락스럽다고 느껴질 때가 있다. 꼭 무슨 이유나 사연 혹은 굴곡이 있는 것도 아닌데 말이다. 그저 뭔가 허전하고 무의미하다고 느껴지는 잔망스러움에 당혹스러울 때도 있다. 그런 것들까지도 내 삶의 두툼한 속살이라고 받아들일 수 있어야 함을 알면서도, 늘 재고 따지고 근수를 가늠하는 데에 익숙해서 그런 것들이 허튼 것으로 여겨지기 때문에 동동거린다. 하지만 사람들이 보여주는 따뜻한 마음과 태도 그리고 행동에 감동하고 고마워하며 응원할 수 있기만 해도 삶이 그리 맵기만 하지는 않을 것이다.

사람보다 귀한 건 없다. 미운 사람도 있지만 고맙고 살가운 이들이 더 많다. 좋은 사람과 아름답게 살기에도 삶은 짧다. 그 생각만 놓치지 않아도 삶의 밀도를 충일하게 만들 수 있다. 살면서 누군가에게 힘을 얻고 나 또한 누군가에게 힘을 주며 살면 족하고 고맙다. 사람에 대한 고마움만큼 도타운 건 없다.

모처럼 나타나는 따사로운 햇살에 감동하는 건 그만큼 대기가 오염되고 기후 위기가 일상이 되었기 때문이다. 고산에 올라서야 비로소 산소의 중요성을 깨닫는 것처럼 사소하다고 여기던 것이 얼마나 소중한지 느낄 수만 있어도 우리의 삶은 조금은 더 의연해지고 민틋한 삶의 표면들이 지루하지 않고 두툼해질 수 있다. 정화淨化는 그것을 확인하는 과정이기도 하다. 삶이 좋은 것들로만 꽉 찬다고 꼭 좋은 것만은 아닐 것이다. 오히려 삶의 진수는 지치고 힘들 때 혹은 속이 텅 비었다고 느낄 때 만나는 경우가 얼마나 많은가! 그럴 때 누군가가 곁에 혹은 마음에 있다면 그 존재만으로도 큰 위로와 힘이 된다. 그런 사람이 고맙고 또한 내가 누군가에게 그런 사람이 될 수 있을 때, 인생은 살 만한 것이라고 서로 도닥일 수 있겠다. 그렇게 가끔은 자신에게 너그러워지는, 그런 시간이 있다.

해당화는 기름진 옥토가 아닌 바닷가 모래밭에서 피어난다. 거센 해풍까지 오롯이 버텨낸다. 온실에서 온갖 정성을 다 기울여 피운 꽃이 아니다. 그래서 그 꽃이 더 사랑스럽고 소중하다. 남들은 다 어렵다고 해도 의연하게 그것을 품어내고 겪어내며 마침내 자신을 피워내는 것보다 아름다운 건 흔치 않다. 삶도, 세상도, 사람도 그렇다. 하물며 꽃도 그렇게 피는데 꽃보다 더 귀한 사람의 삶은 더 말할 것도 없다. 세상에는 시시한 사람도 시시한 삶도 없다.

요란하지 않고 담백한 삶은 얼핏 무를 씹는 맛과 흡사하다. 담백한 사람도 그렇다. 이 글은 그런 이들에게 바치는 작은 꽃묶음이다. 이름 모를 꽃(물론 이름이 없지는 않겠으나) 한 송이에도 깨달음은 가득하다. 시인 반칠환은 노랑제비꽃 하나가 피기 위해 숲이 통째로 필요하고 우주가 통째로 필요하다며 지구는 '통째로 제비꽃 화분'에 불과하다고 읊었다. 그런데 한껏 잘난 척하는 우리는 그 좁은 땅에서 지지고 볶으며, 상처와 쓰라림을 주고받으며 산다. 그 작고 수줍은 제비꽃보다도 우리네 삶이 못해서야 안 될 일이다. 그러니 자신에게 먼저 따뜻한 위로를 전하고, 다른 이들에게도 그 자비를 나눌 수 있다면 조금은 고맙게 살 수 있겠다. 마음을 누그러뜨리고 속도를 잠시만 늦출 수 있으면 삶이 조금은 덜 팍팍하고 생각과 영혼의 거리가 떨어지지 않고 밀도가 높아진다. 그걸 깨우쳐주는 사람들이 나의 성긴 영혼을 밭게 조이고 기름칠해준다. 나 또한 누군가에게 그런 사람이고 싶다.

고요한 새벽 조용히 창밖을 내다보며 생각한다. 나의 오늘 하루가, 당신의 시간이 따뜻하고 농밀하기를! 쥘 르나르의 《인간과 자연에 관한 에스프리》의 한 구절이 떠오른다.

닫힌 우리 속에서 두 놈이 서로 몸을 포갠 채로 납작하게 엎드려 잠들어 있습니다. 몸져누운 이웃집 청년을 찾아온 여인이 나란히 벗어놓은 나막신 두 짝처럼

마음이 이어지고 생각이 만나는 순간이 있다. 삶이 늘 힘겹기만 한 건 아니다. 또한, 늘 멋지고 신나는 것도 아니다. 좋은 날도 있고 궂은날도 있어서 삶이 무료하지 않으면 고마운 일 아닐까? 그럴 때마다 누군가가 나를 응원해주고 지켜봐주고 있다는 연대감을 느끼면 그 시간을 넉넉하게 버텨낼 힘이 생긴다. 따뜻한 마음과 속 깊은 배려만으로도 우리는 가뿐하게 그 심연을 건널 수 있다. 우리는 모두 그렇게 연결되어 있다. 나 또한 누군가에게 그런 존재, 그런 삶을 함께 나눌 수 있는 사람이어야 한다는 연대

감을 느낀다.

워낙 사는 게 혼란스럽고 힘겨울 때도 나를 깨우고 더 나은 삶의 희망을 주는 이들이 고맙다. 그래서 겪은 일, 듣거나 본 것, 전해 들은 이야기, 책을 읽다 적어둔 감동 등을 모아서 함께 읽고, 느끼며, 서로의 존재에 대해 응원하고 연대하는 힘을 담고 싶었다. 그런 이들이 있어 눈물 나게 고맙고 삶이 튼실해진다. 텅 빈 세상에 혼자 내팽개쳐졌다고 아파하는 사람들에게 다가가 손을 내밀 여유와, 자기 삶의 속살을 그대로 내보여주며 우리를 다독여주는 이들에게 고마움을 느끼며 살면, 조금은 사는 게 성긴 듯 밭지 않고, 밭은 듯 성기지 않게, 그렇게 차츰 너그러워질 것 같다.

요만조만하게 보일지 몰라도 큰 울림을 줄 수 있는 사람과 삶이 있다. 그게 우리의 삶을 도탑게 해준다. 나도 그렇게 당신의 신발 옆에 나란히 벗어놓은 고무신이고 싶다. 혹은 그 신발을 올려놓는 섬돌이고 싶다. 그게 내가 생각하는 가장 친밀하고 속 깊은 인간학 수업이다. 그대가 있어 내 삶이 얼마나 고마운지, 그대가 바로 내 삶의 격려와 힘이 됨을 조용하게 고백하고 싶다.

차 례

제1부

최고의 행복은 우리가 사랑받고 있다는 확신이다

제2부

마음은 셈보다 앞서고 옳은 행동은 망설이지 않는다

제3부

이웃을 아는 가장 좋은 방법은 내가 이웃이 되는 것이다

최고의 행복은

우리가
사랑받고 있다는

확신이다

물에 젖지 않았을 때는 젖을까 두렵지만

일단 젖고 나면 더 이상 두렵지 않다.

사람도, 삶도, 사랑도 그렇다.

세상에서 가장 아름다운 건물

내가 성공했다면

오직 어머니의 사랑과 헌신 덕분이다

"이게 웬 커피야? 누가 화장실에 커피를 놓고 갔지?"

자타공인 오지랖 유 팀장이 화장실 창틀에 놓인 캔 커피와 짧은 메시지가 담긴 쪽지를 보고 의아해서 물었다.

'깨끗하게 청소해주셔서 고맙습니다. 정화 씨, 힘내세요!'

어느 살가운 직원이 청소미화원 아주머니에게 고마

움을 표하기 위해 슬그머니 두고 간 모양이다. 그런 배려가 기특하기도 하고, 한편으로 자신은 좀 무심했다 싶은 생각도 살짝 들어 유 팀장이 혼잣말처럼 중얼거렸다.

"그런데 정화 씨라니? 그것 참……"

분명히 청소해줘서 고맙다고 썼으니 청소해준 사람에게 주는 마음의 선물일 텐데, 이름을 특정하는 게 예사롭게 느껴지지 않았다. 유 팀장이 팀원들과 함께 점심 식사를 하다 그 이야기를 꺼내자 다른 직원들도 그걸 봤다고 말했다. 안 그래도 오늘뿐만 아니라 가끔 커피나 주스 병 등이 있는 걸 봤던 터라 무슨 사연인지 내심 궁금했단다. 서로 누가 그랬는지 궁금해하며 물었지만 아무도 그런 호의를 베푼 주인공이 누구인지 아는 이가 없었다. 무리 중 9개월쯤 전에 입사한 신입사원만이 그들의 이야기를 외면하고 묵묵히 밥만 먹고 있었다.

"우택 씨는 그거 못 봤어?"

장 대리의 물음에 신입사원은 살짝 난감해하는 표정을 짓더니, 어쩔 수 없다는 듯 약간은 풀 죽은 말투로 대답했다.

"아, 그거요? 제가 그랬습니다."

"야, 이제 보니 우택 씨가 찐 로맨티스트네?"

여직원들은 그런 우택 씨가 멋지다며 칭찬 릴레이에 나설 기세였다. 호기심 많고 오지랖 넓은 유 팀장이 가만 있을 리 만무했다.

"그런데 정화 씨가 누구야?"

"청소하는 아주머니 성함입니다."

"그걸 어떻게 알았어?"

"명찰을 봤으니까요. 이왕이면 성함을 불러드려야 더 기분 좋아하실 것 같아서요."

"우택 씨가 의외로 섬세한 면이 있네. 마케팅이나 고객관리 파트로 가면 정말 일 잘하겠는데?"

그 말에는 조금의 빈정거림도 끼어들지 않았다. 유 팀장은 막내 팀원의 따뜻한 품성이 기특하기도 하고, 그런 성품이면 정말 고객관리를 잘하겠다 싶어 이날의 일을 마음에 담아두었다.

"아주머니, 잠깐 저 좀 보세요."

"네? 저 말씀인가요?"

"네, 잠깐이면 됩니다."

청소미화원 아주머니는 가슴이 콩닥콩닥 뛰었다. 자기를 부른 사람이 다름 아닌 그 회사 회장이었기 때문이었다.

"우리 직원들이랑 친하세요?"

"네? 무슨 말씀이신지⋯⋯"

그녀는 밑도 끝도 없는 회장의 말이 무슨 뜻인지 전혀 가늠조차 할 수 없었다.

"아까 지나가다 보니 우리 직원이 아주머니에게 손을 흔들고 아주머니는 엄지손가락을 치켜들더군요. 대부분의 직원들은 그냥 지나치거나 그나마 친절한 친구들이 '수고하십니다' 하며 인사하는 정도가 보통인데, 아주 보기 좋더군요."

회장의 말이 길어질 조짐이 보이자 아주머니는 그냥 "아, 네에⋯⋯"라고 건성으로 대답하고 얼른 자리를 뜨고 싶었다. 그런데 그날따라 회장은 바쁘지도 않은지 자꾸만 캐물었다.

"나는 우리 직원들의 인성을 아주 중요하게 생각해요. 그런데 아까 그 모습을 보고 흐뭇했어요. 모든 직원들이 다 그렇게 합니까?"

"네, 이 회사 분들은 모두 친절합니다. 그런데⋯⋯"

"그런데요?"

회장은 아주머니가 말끝을 잇지 못하자 외려 더 궁금해져서 되물었다.

"사실은 아까 제게 손을 흔든 직원이 제 아들입니다."

"네? 아들이라고요? 이 회사 직원인가요?"

회장은 깜짝 놀라서 자동응답기마냥 재차 물었다. 아주머니는 괜히 말했다 싶어서 어쩔 줄 몰라 하며 저절로 앞으로 모아졌던 두 손을 더 바짝 조였다.

"네, 그렇습니다. 문제가 된다면 제가 그만두겠습니다."

이윽고 회장은 갑자기 그 아주머니를 회장실로 데려 갔다. 비서는 청소미화원 아주머니를 데리고 온 회장을 보고 의아했다. 상황을 파악할 수 없어서 긴장하고 있는데 뜻밖에 차를 내오라는 주문에 내심 놀랐다.

"같은 건물에서 어머니는 청소를 하시고, 아들은 근무를 한다는 게 놀랍군요."

아주머니는 뭐라 대답해야 할지 몰라 여전히 손만 만지작거렸다.

"언제부터 우리 회사에서 일하셨습니까?"

대개 청소 일은 외부 용역회사에 맡겨두는 게 일반적이라 회사 직원들조차 별로 관심을 갖지 않으니 회장이 거기에 신경을 써본 일이 없는 것은 일견 당연했다. 아주머니는 회장이 묻는 의도를 전혀 짐작조차 할 수 없어서 답답했다.

"제가 이 건물에서 일한 지는 햇수로 5년째 됩니다."

아주머니는 '회사'라고 말 못하고 '건물'이라고 대답했다. 그녀에게는 이곳이 회사가 아니라 건물이자 그냥 일터일 뿐이었다.

"아드님이 우리 회사에 나중에 입사했나요?"

"제 아들이 이 회사에 입사했을 때만 해도 본사에서 근무할 거라곤 생각도 못했습니다. 그런데 뜻밖에도 본사 발령을 받았어요. 그래서 제가 여기서 일하는 걸 그만두고 다른 일터를 찾는 게 낫겠다 싶어서 아들에게 말해봤는데 아이가 한사코 괜찮다고 해서……"

아주머니는 혹시라도 자신 때문에 아들이 불편하면 어쩌나 했는데, 엉뚱하게도 두 모자가 같은 건물에서 일하고 있다는 사실을 회장까지 알게 되었으니 참 낭패스러웠다. 왜 그때 자신이 그만두지 않았을까 후회도 됐다. 한편, '그래, 이참에 그만두고 다른 곳을 알아보면 되지 뭐'라고 생각하니 마음이 조금은 홀가분해지는 것도 같았다. 하지만 여전히 아들에게 피해가 가는 건 아닐까 걱정하는 마음은 바뀌지 않았다.

"사내에서 아드님은 가끔 봅니까?"

회장의 질문은 어째 심문과는 전혀 거리가 멀었고 오

히려 따뜻한 느낌을 받았다.

"어쩌다 봐요. 그런데 집 밖에서 보니 더 반갑기도 합니다."

"두 사람 모습이 참 보기 좋습디다. 혹시 서로 부담되지는 않으세요? 예를 들어 아들의 직장 동료가 어머니를 알게 된다든지, 뭐 그런 거 말입니다."

회장은 혹시라도 상대를 기분 나쁘게 할 만한 단어가 은연중에라도 섞이지 않을까 싶어 그걸 가려내느라 속으로 조금 긴장하기까지 했다. 청소하는 아주머니에게 자신이 그렇게 긴장하고 있다는 게 신기하기까지 했다. 적어도 그 회사 내에서는 누구 앞에서 긴장해본 적도, 긴장할 일도 없는 회장이었으니 어쩌면 당연한 일이었다.

"저는 아직까지 부담스럽지요. 그런데 아들 녀석은 그때마다 괜찮다며, 알면 또 어떠냐고 그런답니다. 저도 처음에는 어색하고 불편했는데 이제는 제가 조금이라도 더 깨끗하게 청소하면 아들 회사 사람들이 조금이나마 기분 좋게 근무할 거라고 생각하니 일이 즐겁게 느껴져 좋기도 합니다."

그건 그녀의 진심이었다. 어차피 그만둘 각오를 하고 나니 마음이 한결 편해져 말도 자연스럽게 잘 나왔다.

"대단하고 아름다운 모자입니다. 부럽습니다. 진심입니다. 혹시 제가 뭐 도와드릴 건 없습니까? 예를 들어 일하시는 데 불편하다거나 개선할 것이 있으면 주저하지 말고 말씀해주세요."

회장은 스스로를 '내가'가 아니라 '제가'라고 칭하며 아주머니를 깍듯하게 대했다.

"불편하긴요. 다만……"

"괜찮습니다. 뭐든 말씀하세요."

"저희가 도시락을 싸오는데 먹을 곳이 마땅치 않아서요. 작은 공간이 있으면 점심때만이라도 이용할 수 있도록 배려해주시면 좋겠습니다."

신문에서 청소미화원 아주머니들이 화장실이나 계단 아래 급조한, 창고를 겸한 공간에서 밥을 먹는다는 기사를 본 적은 있지만 한 번도 그 일에 마음 써본 적 없는 회장은 조금 뜨끔했다.

며칠 후 회장실에는 입사한 지 1년도 채 되지 않은 신출내기 사원이 불려왔다.

"자네 어머님께서 우리 회사 건물에서 청소 일 하시는 걸로 알고 있는데, 맞나?"

그 사원은 이미 어머니로부터 대강의 이야기를 들었

기 때문에 머뭇거리지 않았다.

"네, 그렇습니다. 회장님께서 만나신 분이 제 어머니입니다."

"대개는 어머니가 청소 일 하신다는 것도 감추는데, 자네는 어머니가 우리 회사 건물에서 청소하시는 걸 감추지 않는군."

회장은 그 직원의 솔직한 심정을 듣고 싶었다. 자신의 회사에서 이사로 재직하고 있는 자신의 막내아들보다 대여섯 살은 어린 청년을 보면서 만약 자신의 아들이 그런 처지라면 어떻게 반응했을지도 궁금했다.

"부끄러운 일이 아니니까요. 아버지가 일찍 돌아가신 뒤 어머니께서 온갖 궂은일을 가리지 않고 온몸 던져 일하셔서 저와 동생을 대학까지 보내주셨습니다. 저는 그런 어머니가 자랑스럽습니다. 다만 아직 어머니를 편히 모실 형편이 되지 못해 안타까울 뿐입니다."

"그래도 같은 건물 안에서 어머니는 청소 일을 하시고, 아들은 사무실에 앉아 일하는 게 불편하지는 않은가?"

민감할 수도 있는 질문인 줄 알면서도 회장은 이 청년과 자신의 막내아들을 비교해보고 싶었다. 누가 봐도 그건 참 불편하고 어색한 일이다. 아버지가 사장이고 자식이 청소 일을 한다 해도(그런 일은 절대 없겠지만), 마음 편치 않고 남 보기에도 딱한 일인 건 마찬가지일 것이다.

"아무래도 편한 마음은 아닙니다. 어머니는 처음에는 제가 본사에 발령되자 그만두실 생각이었습니다. 하지만 당시 어머니는 당신의 일을 원하셨고 저는 저 때문에 어머니가 다시 일자리를 알아보는 게 부당하다고 생각했습니다. 그래서 모자가 같은 건물에서 일하는 것도 꼭 나쁠 건 아니라고 말씀드렸습니다. 저도 어머니를 위해 더 열심히 일할 테고 틈틈이 제가 어머니를 응원할 수 있다고도 마음먹었습니다. 다른 사람들은 어찌 생각할지 모르지만 아들 회사에서 일하는 것을 더 즐거워하시는 어머니를 저는 존경합니다."

청년은 담담하게 말했다. 말은 그렇게 하지만 그런 결정을 내리기까지 엄마와 아들의 고민은 제법 작지 않았을 것이다. 청년의 표정은 회장 앞이라서 긴장하긴 했지만 뭔가 당당함이 묻어났다.

"이전에도 어머님께서 청소 일 하시는 게 부끄럽지는 않았는가?"

"부끄럽게도 철없던 사춘기 땐 그런 적이 있었습니다. 친구들이 알까 봐 두렵기도 했습니다. 그때 어머니가 저희 형제를 불러 앉혀놓고 '엄마는 자식들을 위해서라면 무엇이든 한다. 엄마가 부끄럽지 않은데 너희들이 부끄러워할 까닭이 없다. 당당하게 살아라. 엄마도 당당해' 하시며 눈물 흘리시는 모습을 본 뒤부터는 저희 형제도 더 이상 그 사실을 감추거나 부끄러워하지 않았습니다."

회장은 이들의 모습이 눈에 밟혔다. 자신의 어렸을 때 모습도 살짝 스쳐갔다. 학교에서 가정환경조사서에 학부모 학력 등을 써오라고 했을 때 도저히 '중졸'과 '국졸'이라고 쓰는 게 부끄러워서 한 단계씩 상향해서 거짓 조사서를 제출했던 기억에 낯이 화끈거렸다.

"내가 얼마 전 사보에서 화장실에 청소 아주머니들 이름과 응원하는 글까지 포스트잇에 적어 음료수 캔과 함께 놓아둔 직원이 있다는 기사를 보았네. 어떤 직원이 그런 일을 했을지 궁금했는데 그게 바로 자네였군, 그렇지? 어머니 이외의 다른 아주머니들까지 챙기는 게 쉽지 않았을 텐데. 그런데 이름은 왜 적어두었나?"

"그분들 모두 제 어머니들이니까요. 그리고 모두 자기만의 이름을 갖고 계신 분들입니다. 그래서 성함을 불러드리면 좋아하실 거라 생각했습니다. 저희를 위해 궂은일 해주시는 분들이니 당연히 고마워해야 한다고 생각합니다. 꼭 제 어머니가 아니어도 말입니다."

일순간 하마터면 회장은 그 청년을 확 껴안을 뻔했다.

"훌륭한 어머니에 멋진 아들일세. 자네가 우리 회사 직원이어서 나도 자랑스럽네."

그 일이 있고 나서 며칠 뒤부터 회사에서는 청소하는 아주머니들이 더 이상 도시락을 싸오지 않았다. 회사 식당에서 무료로 식사할 수 있도록 회장이 특별 지시를 내린 덕분이었다. 그리고 틈틈이 쉴 수 있게 작은 방 하나가 배정되었다. 냉난방은 물론이고 냉장고와 전자레인지 등이 갖춰진 공간이었다.

요즘도 자주 화장실이나 복도 창틀에 음료수나 과자들이 놓여 얌전히 주인을 기다린다. 그리고 늘 그렇듯 거기에는 포스트잇이 붙어 있다. 글씨들은 다 다르지만 내용은 비슷하다.

'순임 씨, 고맙습니다. 파이팅! 아들들과 딸들이 응원합니다.'

아들이나 딸이 아니고 '아들들과 딸들'이라고 적혀 있는 것도 있고, 예쁜 그림까지 멋지게 그려진 쪽지들도 있다. 아마 세상에서 그 회사 건물보다 더 깨끗한 건물은 없지 싶다. 청소미화원 아주머니들이 틈날 때마다 닦고 또

닦으니 말이다. 가끔은 너무 깨끗해서 부담스러워 한다는
직원들도 있다는 소문까지 들린다.

시내버스를 타고 가다 라디오에서 이 사연을 듣는데
왜 그리 눈물이 핑 돌았던지 꽤 곤혹스럽고 난감했다. 하
지만 나만 그런 건 아닌 듯했다. 승객들 대부분이 의식적
으로 창밖으로 눈길을 돌리거나 살짝 눈가를 훔치는 것을
나는 보았다.

"당신의 딸로, 아들로 태어난 것이
세상에서 가장 큰 행운입니다."
권세와 돈이 부모의 힘을 만드는 게 아니라 부모와
자식이 서로 애틋하게 보듬는 게 가장 큰 힘이다.

아버지의 눈물

아버지가 마시는 술에는

보이지 않는 눈물이 절반이다

아침 해가 지난밤의 평화와 안식을 깨우며 부드럽게 세상을 도닥이는 시간, 남들은 이제 막 잠에서 깨어나 하루 일과를 시작하려 부지런히 몸을 움직일 시간이다. 그 시간에 그는 지난밤의 일을 마치고 집으로 돌아간다. 남들이 자고 있을 때 일하는 건 생각보다 힘들고 어렵다. 단순히 시간의 양이 문제가 아니라 생체리듬이 뒤바뀌는 탓에 온전한 휴식을 취하기 어렵기 때문이다. 그뿐일까. 일하는 시간대가 달라 친구들과 소주 한잔 나누는 일도 드물기 때문에 늘 외롭다. 그래도 기꺼이 그 시간의 일을 자청한 것은 밤일의 급료가 낮에 일하는 것보다 많아서다.

시골 빈농의 일곱 남매 중 넷째로 태어난 그는 중학교를 마치고 고등학교에 진학할 형편이 되지 않아 어린 나이에 고향을 떠나 서울 구로공단에 취직했다. 공장으로 출근하는 길에 교복 입고 등교하는 또래 학생들을 보면 부럽기도 하고 억울하기도 했다. 그럴수록 악착같이 돈을 벌어 성공하겠다는 결심을 더욱 굳게 품었다. 그러나 생활하기에도 빠듯한 월급으로는 도저히 삶이 바뀌지 않았고, 그만큼 좌절도 깊을 수밖에 없었다. 무엇보다 그를 힘들게 한 건 바로 외로움이었다. 함께 자란 고향 친구들과 늘 뛰놀던 뒷동산이 눈에 밟힐수록 마음의 상처는 깊어갔다.

기술만 있으면 먹고살 수 있다는 게 그 당시의 삶이고 세계관이었다. 공장에서의 일이라고 다르지 않았다. 일은 진탕 부려먹지만 수습이니 견습이니 하는 딱지를 최대한 오래 붙여놓고 보통 지급하는 월급의 절반만 주니 집에 돈을 부치는 건 고사하고 어쩌다 밖에서 짜장면 한 그릇 시켜 먹는 것조차 쉽게 엄두를 내지 못했다. 아무도 그걸 대놓고 불평하지 않았고 불평할 수도 없었다.

그래도 최선을 다해 살아야 한다는 마음을 포기하지 않고, 검정고시로 고등학교 과정도 마쳤다. 공부하는 학생들을 부러워했기에 하나도 힘든 줄 몰랐다. 그때는 하루네 시간 이상 자보는 게 소원이었다. 정식으로 고등학교를 다니고 졸업하진 못했지만 검정고시에 합격해서 '고졸' 학력을 '쟁취'했을 때는 세상을 다 가진 기분이었다. 물론 그렇다고 누가 알아주는 것도 아니고 현실적으로 대학에 진학할 수 있는 형편도 아니었지만, 배움에 대한 갈증을 해소했다는 것만으로도 뿌듯했다.

그렇게 밤낮 가리지 않고 열심히 살았다. 그것 말고는 다른 생각은 해볼 겨를조차 없었다. 같은 공단에 있는 회사의 경리 일을 보던 참하고 마음씨 착한 아가씨와 인연이 되어 결혼도 했다. 물론 정식으로 결혼할 형편이 되지 않아서 식은 올리지 못했지만, 함께 있는 것만으로도 행복했다. 일찍이 고향을 떠나 혼자 외롭게 살던 시절에 비하면 꿈만 같았다.

그는 어느덧 두 아이의 아빠가 되었다. 여러 명의 형제와 늘 부대끼며 살다 홀로 서울에서 외롭게 살았던 터라 아이들의 존재는 너무나 고맙고 소중했다. 눈에 넣어도 아프지 않다는 말이 무슨 뜻인지 실감났다. 힘든 일을 해야 하는 하루였어도 퇴근하고 나면 아이들을 만날 수 있다는 설렘에 힘든 줄도 모르고 일했다. 일을 끝내고 집으로 돌아가는 발걸음은 늘 가벼웠다. 하지만 아무리 열심히 일해도 형편이 크게 나아지지 않는 것이 그에게는 큰 아픔이었고 좌절이었다. 아이들이 커갈수록 내 집 한 칸은 마련해야 가장으로서 최소한의 의무를 다하는 것이라는 생각이 지워지지 않았다. 그러나 별 뾰족한 수가 없었다.

다행히 당시 중동에서 건설 수주가 몰리면서 해외 파견 노동자를 모집하는 일이 많았는데 고향 선배 한 분이 함께 가지 않겠느냐고 제안해왔다. 눈 딱 감고 3년 일하고 돌아오면 집 한 채는 마련할 수 있을 거라는 말에 주저하지 않고 따라가기로 마음먹었다. 하지만 결단을 내리기란 여간 쉽지 않았다. 몇 날 며칠을 뜬눈으로 지새우며 고민하는 시간이 이어졌다. 끝내 그의 등을 떠민 것은 가서 열심히 일하면 작은 집이라도 한 채 마련할 수 있을 거라는 희망이었다.

뜨거운 사막에서의 일은 생각보다 훨씬 힘들었다. 한낮에 숨도 제대로 쉬기 힘든 끔찍한 더위 속에서 일하다 보면 시간조차 가늠이 되지 않았고 몸은 너덜너덜해졌다.

처음에는 한 2년쯤이면 되겠거니 계획했던 일이었지만, 그가 벌어들인 수입보다 한국에서의 집값이 더 빠르게 오르는 바람에 결국 5년 동안 그곳에서 일해야 했다. 아이들과 아내가 자꾸만 눈에 밟혀 흘린 눈물이 사막의 모래만큼이나 많았다. 그래도 참고 견디며 일했다. 사막에서 5년간 이어진 중노동은 그를 10년은 훌쩍 더 늙게 만들었다.

그렇게 그리움을 애써 참고 열심히 일한 덕택에 드디어 내 집을 마련했다. 마흔이 바로 코앞일 때 처음으로 '내 집'을 마련해 새집에 들어간 그날, 부부는 밤새 부둥켜안고 울었다. 그러나 산 넘어 또 산이 있었다. 결혼 후 악착같이 일해서 10년 남짓 지나 내 집을 마련하고 나니 모든 게 해결된 줄 알았는데, 두 아이들을 가르치고 키우는 일이 만만치 않았다. 다시 해외로 나갈까 하는 생각이 들 정도였다. 하지만 이제는 가족과 떨어져 사는 건 도저히 감당하지 못할 것 같았다. 그토록 사랑하는 아이들의 뒷바라지를 충분히 해주지 못한다는 미안함이 늘 그의 뇌리를 떠나지 않았다.

열심히, 정말 죽을 만큼 열심히 일했지만 또 다른 삶이 다른 비용을 요구했다. 언제쯤 되어야 돈 걱정 하지 않으며 살 수 있을까, 답답하고 서러웠지만 가장이 그걸 내

색할 수도 없었고 누가 대신해줄 일도 아니었기에 속으로만 삭이며 견딜 뿐이었다. 이제는 집에 가도 아이들은 야간 자율학습이나 학원 수강 때문에 한밤중에 돌아왔고, 피곤에 지친 자신 역시 아이들을 보지도 못하고 까무룩 잠들 때가 많았다. 아이들의 교육이나 진로와 관련해 자신이 상담을 해주거나 도와줄 게 없으니 딱히 할 말도 없었다.

큰아이는 고맙게도 그 흔한 과외 한 번 받지 않고 본인이 원하던 대학에 진학했다. 그런데 입학금이며 등록금은 그야말로 입이 벌어질 지경이었다. 그는 야간 근무를 자청할 수밖에 없었다. 돌아보면 평생 일만 하고 있다는 생각이 들어 억울하다 싶을 때도 있었지만, 그래도 자식들은 자신이 이루지 못한 꿈을 이룰 수 있을 거라는 희망에 다시 힘을 냈다.

올해 대학에 진학한 아들은 합격의 기쁨도 잠시, 어느새 고민에 빠졌다. 요즘처럼 취업이 최대 관건인 상황에서 이른바 스펙을 어떻게 마련할 것인지도 고민이지만, 걱정거리는 또 다른 곳에도 있었다. 열심히 공부해서 장학금을 받아 집안의 짐을 덜어야 한다는 것, 적어도 용돈은 스스로 마련해야 한다는 것 때문에 대학 생활의 즐거움보다 심란함이 앞섰다. 장학금을 받기 위해서는 공부에 매달려야 할 시간이 더 많이 필요하고, 용돈이라도 벌기 위해서는 시간을 쪼개 이런저런 아르바이트를 해야 하는, 그야말로 상호 모순적인 상황이 곤혹스러웠다. 결국 얼마 전부터 아르바이트를 시작했다. 일하며 힘들 때마다 부모님이 얼마나 힘들게 자신을 키워주셨는지도 새삼 깨달을 수 있었다.

그는 그렇게 적은 돈이나마 버는 게 뿌듯하고 스스로 대견했다. 하지만 장학금도 놓칠 수 없는 터라 학교 도서관에서 늦게까지 공부하다 보면 늦은 귀가는 다반사였다. 다른 친구들이 입시 억압에서 벗어나 대학생이 되었다며 신나게 놀러 다니는 모습을 보면 부럽기도 했지만 고생하시는 부모님을 생각하면 자신은 그래서는 안 된다고 스스로를 다잡았다.

어머니를 생각하면 짠한 마음이 앞섰다. 반면, 이상하게도 아버지를 생각하면 애틋한 마음이 들면서도 어렵기만 했다. 아주 어렸을 때 멀리 타국에 가 계셔서 함께할 수 없었으니, 부자간에 있을 법한 살가운 기억도 별로 없었다. 5년 만에 귀국하셨어도 늘 바삐 일하시느라 늦은 밤에 귀가하셨고, 이제는 아예 야근만 전담하시는 까닭에 늘 엇갈려 살아서 데면데면하기까지 했다. 마음으로는 효도하겠다는 생각이 굴뚝같은데, 막상 아버지와 함께 있으면 입이 떨어지지 않았다. 그게 반복되니 때론 서로 간에 침묵이 오히려 편했고, 가끔 아버지와 마주할 때는 어색하고 불편하기까지 했다. 어쩌다 뭘 물어보시면 짧게 대답만 드릴 뿐 자신이 먼저 아버지께 다가간 기억은 별로 없었다.

이른 아침 아버지가 퇴근하실 때는 잠에서 깨어나지 않은 경우를 제외하고는 가족 모두가 현관에서 맞이했기에 장남인 그도 그 자리에 늘 함께였다. 하지만 인사를 하고는 곧바로 제 방으로 돌아갔다. 하루는 약주 한잔하고 돌아오시면서 아버지가 푸념처럼 툭 한마디 던지셨다.

"나는 이 집에서 손님 같구나."

그 말에 아들은 뜨끔하고 죄송해 어쩔 줄 몰랐다. 그러나 달리 어떻게 해야 아버지의 섭섭한 마음을 덜어드릴 수 있을지 몰라 엉거주춤할 뿐이었다.

그 뒤 아버지의 뒷모습이 허전하다는 느낌이 들 때마다 그 말이 뒷목을 당겼다. 그래도 말을 건네지 못하고 늘 어려워만 할 뿐이었다. 마음을 터놓고 대화하는 법을 모르기는 부자가 다르지 않았다.

어느 휴일 오후, 아버지는 눈을 떴다. 지난 한 주의 피곤이 한꺼번에 몰려왔는지 잠에서 깨도 개운하지 않았다. 새벽 동이 틀 때 귀가해서 점심때가 지나서야 잠에서 깨는 일상이 오래 되었음에도 여전히 생체리듬이 엉키는 건 어쩔 수 없었다. 해가 떠 있을 때 잠에 드는 건 여전히 어색하고 불편했다.

그때 갑자기 안방 문이 열렸다. 아들이 대야를 들고 들어왔다. 아버지는 그런 아들의 모습에 놀라기도 하고 의아해 저절로 엉거주춤 몸을 세웠다.

"아빠, 그냥 앉아 계세요. 제가 발 닦아드릴게요."

언제부터인가 아들은 '아빠' 대신 '아버지'라고 불렀다. 철들면 그렇게 부르는 게 자연스럽다는 걸 알면서도 못내 아쉬웠다. 더 이상 '품 안의 자식'이라는 생각이 들지 못하게 하는 사인처럼 느껴졌기 때문이었다. 외국에 나가 일할 때 아이들이 '아빠!' 하고 불러주는 소리를 얼마나 그리워했던가! 그런데 아들 녀석이 갑자기 호칭부터 닭살 돋게 부르더니 싫다고 손사래를 쳐도 기어이 발을 끌어다 대야에 담갔다. 아버지는 당혹스럽기도 하고 감동스럽기도 했다. 부자는 한동안 아무 말도 하지 않았다. 아니, 하지 못했다.

"이게 갑자기 무슨 호사냐? 너 혹시……"

아버지는 용돈 좀 달라는 아들의 애교가 아닌가 싶었다. 그렇잖아도 대학생 아들에게 용돈을 넉넉히 주지 못하는 게 마음에 걸렸던 참이었다. 이참에 두둑하지는 못해도 용돈을 좀 줘야겠다는 생각에 지갑을 찾아 몸을 돌렸다.

"사실은, 숙제예요."

아들은 수줍게 말했다.

"유치원도 아니고 대학에서 이런 숙제를 내주니?"

"'가족과의 대화'라는 주제인데, 아버지 발을 닦아드리면서 대화를 풀어보라는 뜻이랍니다."

얼마 전 교양필수 과목인 '인간학' 수업에서 '대화'라는 주제를 다뤘는데, 담당 교수가 동성同性 부모의 발을 닦아드리고 그 과정에서의 느낌을 보고서로 제출한 뒤 다음 수업시간에 토론하라는 과제를 내줬다. 그는 교수가 내준 과제가 영 황당하고 의아해서 내심 거부감이 들었다. 그렇게 처음에는 너무 유치하다 싶어 반발했는데, 그다음에는 뭐 별로 어렵지는 않은 숙제이겠거니 싶어 오히려 가볍게 느꼈다. 하지만 막상 시도하려니 이상하게도 생각과는 달리 쉽지 않았다. 아버지와 자신의 일상 시간대가 다르기 때문이기도 했지만, 뭐라고 대화를 나누며 발을 닦아드려야 할지, 그 어색함을 어떻게 걷어낼지 등을 생각하니 머릿속이 복잡했다. 그래서 차일피일 미루다 마침 휴일에 아버지가 잠에서 깨신 걸 보고는 무슨 거사를 치르듯 대야에 물을 받아 들이민 것이다.

"허허, 그 교수님이 제대로 된 숙제를 내주셨구나. 덕분에 애비가 호사를 누리는구나."

어색해하던 아버지는 이내 편안하게 아들에게 발을 맡겼다. 아들은 아버지의 거친 발을 천천히 씻겨드리는 동안 가슴이 울컥했다. 하마터면 눈물을 왈칵 쏟을 뻔했다. 정확한 이유는 알 수 없었다. 여차하면 그냥 눈물을 펑펑 쏟을 것만 같았다. 그러면 자신도 아버지도 모두 불편하고 어색해질 듯해 가까스로 참으며 천천히 아버지의 발을 씻겨드렸다. 아버지의 발은 갈라지고 뒤틀리고 딱딱한 각질로 엉망이었다. 결국 가까스로 참던 눈물이 그렁그렁 맺히더니 대야로 '똑' 떨어졌다. 눈물이 보일세라 아들은 고개를 들지 못했다. 아버지의 눈에도 이슬이 맺혔다. 아들과 시선이 부딪히는 게 계면쩍어 고개를 돌렸다. 그렇게 짧은 침묵이 흘렀다.

아들은 수건으로 발의 물기를 깨끗하게 닦아내고 풋크림까지 정성스럽게 발라드렸다.

"아빠, 아직도 집에 들어오시면 손님 같으세요? 죄송해요. 그런 느낌 드시게 해서."

아들은 눈물을 훔치며 말했다.

"아니다. 나도 너희들과 어떻게 이야기를 해야 할지 몰라 늘 물러서 있었던 게 부끄럽구나. 가끔은 내가 손님 같다는 느낌이 들 때도 있었지. 그건 그냥 그렇다는 느낌이야. 내가 표현이 서툴러서 그렇게 말한 거니 신경 쓰지 않았으면 좋겠다. 어색한 말이지만 나도 때론 위로받고 싶을 때가 있더구나. 엄마도 그럴 거야. 하지만 가장이 힘들어하거나 나약한 모습을 보이면 가족 모두가 불안하고 흔들릴 것 같아, 참는다고 아무 말 안 한 것이 오히려 가족 간의 대화를 놓치게 만든 것 같구나. 그래, 대학 생활은 할 만하니? 아르바이트에 너무 시간 뺏기지 마라. 공부하라고 대학 보냈지, 일하고 돈 벌어오라고 보낸 거 아니다. 아직 아빠가 일할 나이잖니."

"아빠도 너무 제 걱정만 하지 마세요. 이젠 아빠의 행복을 위해 사셔야죠."

그날, 아버지와 아들은 밖에 나가 함께 소주를 마시며 마냥 행복했다. 그동안 챙기고 따르지 못해 서로 미안해하고, 살가운 대화도 나누지 못한 게 섭섭하기도 했지만, 이제는 마음의 문을 활짝 연 대화에 시간 가는 줄 몰랐다.

아버지는 손님이 아니라 아들의 동지였다. 그걸 깨닫는 데 그렇게 오랜 시간이 걸렸다. 그래도 다행이라고 생각했다. 이제라도 그걸 알았으니.

부모 자식 간에 대화를 잃는다는 건
과거와 화해할 기회를 놓친다는 것과 같다.
어디에서 막혔는지,
어쩌다 꺾이고 옹이가 맺혔는지 풀어내지 못하고
생인손을 안고 사는 것과 다르지 않다.
서로의 삶의 무늬를 읽어내는 것,
그것이야말로 대화의 선물이다.

할머니, 하늘나라에도 수선화가 피나요?

오늘이 지나면 다시 못 볼 사람처럼
가족을 대하라

2년 전에 돌아가신 외할머니는 맞벌이하는 딸 부부 때문에 어쩔 수 없이 시골의 당신 집을 처분하고 딸네와 함께 살며 외손녀 자매를 키우셨다. 할머니는 딸과 사위가 미안해할까 봐 오히려 외손녀가 더 예쁜 법이라며 자매를 기쁘게 맡아주셨다. 자매에겐 외할머니가 세상의 반쪽 같았다. 매는커녕 야단 한 번 치지 않고 차분히 타이르시는 외할머니는 '간식 자판기'였다. 손녀들이 먹고 싶은 게 있다 하면 요술 방망이처럼 뚝딱 맛있는 간식거리를 척하니 내놓는 할머니였다. 가끔은 손녀들이 배달 음식을 시켜달라고 떼써도 그러면 안 된다거나 비싸다거나 하며 외면하는 게 아니라 "할미가 더 맛있게 만들어줄게" 하며 근사하게 비슷한 간식을 만들어내셨다. 할머니의 더 큰 매력은 이야기보따리였다는 점이다. 어찌나 이야기를 구수하게 잘해주시는지 아이들이 모르는 옛날이야기가 거의 없을 정도였다. 아이들이 밖에서 놀다 오면 꼭 씻기고 옷을 갈아입히는 등 깔끔하기 이를 데 없어 가끔은 성가실 정도였다. 어릴 적 자매는 서로 할머니와 함께 자겠다고 싸우는 게 일상이었다.

그러나 소녀가 중학교를 졸업할 무렵부터 할머니가 이상해지기 시작했다. 그토록 깔끔하고 못하는 게 없던 할머니가 자꾸 이상한 소리를 중얼거리곤 하더니 아주 간단한 것도 까먹기 일쑤였다. 그때마다 소녀는 할머니에게 짜증을 냈다. 할머니가 만들어주는 음식 맛도 예전과 달랐다. 어떤 때는 짜고 어떤 때는 턱없이 싱거워서 도저히 먹을 수 없었다. 고등학교에 입학한 뒤에 소녀는 할머니가 성가신 존재가 된 느낌이 들어 한편으로는 죄송스러운 마음이 들기도 했다. 하지만 나날이 반복되는 할머니의 이상한 행동으로 인내심의 한계를 넘는 일이 허다했다.

그러던 어느 날, 기어코 사달이 나고야 말았다. 시장에 간다고 문밖을 나선 할머니가 한밤중까지 집에 돌아오시지 않은 것이다. 처음에는 시장에 가셨다가 친구들을 만나서 재미 삼아 고스톱이라도 치고 오시는 줄 알았다. 할머니는 깜빡 잊으셨는지 휴대전화까지 화장대에 두고 나가 도저히 연락할 방도가 없었다. 아무리 기다려도 할머니는 집으로 돌아오지 않았다. 당황한 엄마는 불안해하며 할머니 친구분들에게 전화를 걸었지만 아무도 할머니의 행적을 알지 못했다. 그런데 전화를 받은 한 할머니께서 이렇게 말씀하셨다.

"요즘 자네 모친, 좀 이상하지 않던가? 우리를 만나도 잘 못 알아보고 엉뚱한 소리를 한 지 꽤 됐다네. 내 생각에는 치매가 온 게 아닌가 싶은데."

엄마는 그 자리에 풀썩 주저앉고 말았다. 설마 했던 일이 현실로 나타난 것이다. 그날 밤 식구들은 온 동네를 샅샅이 뒤졌다. 그러나 할머니는 어디에도 계시지 않았다. 할 수 없이 파출소에 실종 신고를 하러 갔는데 그곳에 할머니가 계셔서 가족들 모두 깜짝 놀랐다.

"아무리 연락처를 여쭤봐도 할머니께서 자꾸만 이상한 소리를 하셔서 알리지 못했습니다. 어떤 분이 모시고 왔는데 반나절 내내 사람 이름 몇 개만 중얼거리시네요. 혹시 손자 손녀 이름이냐고 여쭤봤더니 그렇다는 말씀뿐이셨어요."

할머니를 찾아서 안도했지만, 그날 이후 식구들은 할머니가 혼자 밖에 나가시지 않도록 주의를 기울였다. 식구 중 한 사람은 반드시 집에 있어야 했다. 할머니는 얼마간 간혹 정신이 돌아오실 때면 언제 그랬냐는 듯 예전 그대로였다. 그 시간이 하루의 절반쯤만 되면 더 이상 바랄 게 없었다. 그러나 그런 경우는 잠시뿐이었고, 갈수록 그런 시간은 빠르게 줄어만 갔다.

마침내 집 안 아무 데서나 대소변을 보시는 통에 온 가족이 경악하는 지경에 이르렀다. 아빠는 딸들에게 너무 놀라거나 소리 지르지 말라고 당부했다. 혹시라도 그게 할머니를 더 놀라게 하거나 상황을 악화시킬 수 있을지 모른다는 조심성 때문이기도 했지만, 무엇보다 할머니의 존엄성을 지켜드리고 싶었기 때문이었다. 아빠는 혹시라도 장모님(할머니)이 미안해할까 봐 오히려 친아들처럼 할머니를 지극정성으로 대하셨고, 시간이 날 때마다 할머니를 모시고 가벼운 산책을 다녀오시곤 했다. 하지만 소녀는 학교 공부로 바빠서 할머니와 함께 시간을 보낼 수 없었다. 아니, 솔직하게 말하면 차라리 학교에서 야간 자율학습을 하는 게 편했다. 집에 있으면 할머니 때문에 도무지 마음이 편치 않았다.

결국 가족은 할머니를 요양병원에 모시기로 결정했다. 아빠는 자식 된 도리가 아니라고 반대하셨지만, 자식들의 무성의나 불효가 아니라 할머니 당신을 위해서 그 편이 더 낫다는 엄마의 주장이 가족들에게 합리적으로 받아들여졌다. 엄마는 자신의 어머니라서 그 결정에 못내 마음이 아팠지만 아들도 아닌 사위가 장모의 치매 수발까지 하는 건 너무 큰 부담이라며 극구 고집을 부렸다. 그동안 아들처럼 엄마를 보살펴준 남편에 대한 아내로서의 마음 표현이라 생각했다. 그렇게 결정한 이후 가족의 주말은 늘 할머니가 계신 요양병원 방문으로 채워졌다.

공부에 찌들어 지친 소녀는 가끔 부모님께 따지듯 물었다.

"나도 공부하느라 힘들어 죽겠어. 우리도 어디 여행 다녀오면 안 돼?"

그런 딸에게 엄마는 차마 입을 떼지 못했고, 대신 아

빠가 미안해하면서 늘 이렇게 설득했다.

"할머니를 병원에 모셔놓고 우리끼리 여행 가면 엄마가 마음이 편할까? 조금만 참자. 할머니 상태가 좀 나아지면 그때 가도 늦지는 않아. 그러니 우리 모두 할머니께서 완쾌하시기는 불가능해도 지금보다 악화되는 건 늦어지기를 기도하자."

아빠는 딸에게 미안하고 장모님께 송구하기만 했다. 힘들어하는 아내도 안쓰럽기만 했다. 엄마는 그런 자신의 배우자가 고맙기도 하고 미안하기도 했다. 딸에게도 마찬가지였다. 가족들이 할머니 걱정으로 마음이 모인 것은 다행스럽고 고마운 일이었다.

그리 오래 되지 않아 할머니의 병세는 가족들 얼굴조차 제대로 알아보지 못할 만큼 심해졌다. 하지만 묘하게도 자신을 찾아온 식구들만 보면 표정이 환해지셨다. 그래서 엄마 아빠는 주말마다 할머니께 가는 일을 그만둘 수 없었는지도 모른다.

할머니는 요양병원에 입원하신 지 1년도 채 지나지 않아 끝내 돌아가셨다. 어느 날부터 식사를 아주 조금만 드시더니 나중에는 당신께서 스스로 곡기를 거의 끊고 영양주사에만 의존하셨다고 한다. 마지막에는 그것마저 거부하셨단다. 병원 관계자들은 그게 아마도 당신 스스로 잠깐잠깐 정신이 드실 때마다 하셨던 말씀과 무관하지 않은 것 같다고 전했다.

"손녀들을 못 알아보는 게 너무 마음 아파. 걔들도 그렇겠지? 내 손으로 키운 아이들이라 정도 더 깊이 들었다네. 이제 그만 떠나고 싶네."

할머니는 소녀가 막 고등학교 3학년에 올라간 어느 날 세상을 떠나셨다. 소녀는 할머니의 죽음이 안타깝고 슬펐지만, 한편으로는 큰 짐을 내려놓은 듯했다. 그리고 입시를 준비해야 하는 입장에서 외람되지만 할머니가 돌아가셔서 한편으론 다행이다 싶기도 했다. 그게 당시 소녀의 마음 한 부분을 차지한 솔직한 심정이었다. 할머니가 돌아가신 날 꽃샘추위의 봄눈이 내렸다.

소녀는 이제 어엿한 대학생이 되었다. 부모님은 할머니를 요양병원에 모신 뒤 할머니가 쓰시던 방을 동생에게 쓰도록 했다. 그러나 동생은 그 방을 싫어해서 언니인 그녀가 마지못해 할머니 방을 쓰기로 했다. 할머니 방에서는 여전히 이상한 냄새도 났지만, 소녀는 자기 방을 갖게 된 것에 만족하기로 했다. 어렸을 때 할머니와 함께 지내던 기억도 새록새록 나서 그 방이 마냥 싫지는 않았다. 소녀는 가끔 그 방에 계시던 할머니 생각을 했다. 어렸을 때 그 방은 최고의 놀이동산이었고, 때론 이야기 창고였으며, 어떤 땐 피난처이기도 했다. 이제 그곳에 할머니는 더 이상 존재하지 않는다.

수업을 마치고 집에 돌아오던 길, 아파트 담벼락에 부끄러운 듯 핀 수선화를 본 순간 소녀는 할머니를 마주한 듯 왈칵 눈물을 쏟았다. 전혀 예상하지 못한 자기 몸의 반응이 놀랍고 낯설었지만 할머니가 그토록 좋아하던 수선화가 마치 할머니의 환생인 듯 느껴져 절로 눈물이 난 것이었다. 할머니가 자신에게 얼마나 큰 사랑을 주셨는지, 그에 비해 자신은 치매로 혼을 쏙 빼놓게 만드는 할머니를 얼마나 미워했는지 떠올렸다. 할머니가 돌아가셨을 때 이상하게 눈물도 나지 않았던 자신이 미웠다.

치매 증세가 나타나기 전, 늘 따뜻하고 자상하기만 하셨던 할머니가 어느 눈 내리는 이른 봄날, 눈 속에서도 노란 꽃을 내밀고 나온 복수초를 가리키며 하신 말씀이 생생하게 기억났다.

"수진아, 저게 복수초란다. 매화보다 먼저 봄소식을 알려주지. 음력설쯤이면 피거든. 눈과 얼음 사이를 뚫고 꽃이 핀다고 해서 '얼음새꽃'이나 '눈새기꽃'이라고도 부른단다. 세상에, 얼마나 기특하니. 엄동설한 차가운 땅에서 견디고 얼음까지 뚫고 저리 예쁜 꽃을 피우다니! 수진아, 누구나 힘들고 어려울 때가 있어. 너도 그런 날을 겪게 될 거야. 그럴 때마다 저 어린 복수초꽃을 기억하렴. 조금 참고 견디면 얼음도 눈도 다 뚫고 이겨낼 수 있단다. 할머니는 늘 수진이가 그렇게 이겨낼 수 있게 해달라고 기도한단다. 나중에 할머니가 죽어서 하늘나라에 가도 그럴 거야.”

소녀는 어떻게 집까지 왔는지 기억하지 못할 만큼 눈물을 흘렸다. 아마 지나가던 사람들은 다 큰 여대생이 눈이 퉁퉁 부어 눈물 흘리는 모습에 의아했을 것이다. 어렸을 때 유치원이나 초등학교에서 집으로 돌아오는 길에 비 오는 날은 말할 것도 없고 눈이 내리면 할머니는 어김없이 우산 두 개를 들고 아파트 입구에서 소녀를 기다리셨다. 그러고는 소녀가 저 멀리서 다가오면 가방을 받아 들고는 목도리로 목덜미를 둘둘 감아 싸서 집까지 데려가셨다. 아, 그때 할머니 손은 왜 그리도 따뜻했던지!

‘할머니, 보고 싶어요. 그리고 죄송해요. 내가 할머니를 얼마나 사랑하는지 아시죠? 난 참 나쁜 손녀딸이었어요. 할머니, 사랑해요.’

수선화가 마치 할머니의 환생인 듯 반갑고 사랑스러웠다. 할머니가 지내셨던, 이제는 자기 방이 된 그 방에도 수선화의 향훈이 너그럽게 퍼지고 있는 것 같았다.

'아, 할머니 냄새!'

긴 병에 효자 없다.
하지만 부모가 병들고 노쇠하기 전에
얼마나 자식을 사랑했는지,
돌아보면 눈멀어도 못다 갚을 송구함뿐이다.

존재 그 자체가 고마움이며 애틋한

어머니는 모두에게 공평하게 찾아온

신의 분신이다

남자들에게 '어머니'라는 말에 처음 눈물 흘렸을 때가 언제냐고 물으면 훈련소 시절이라고 한다. 고된 훈련을 마치고 난 뒤 조교나 교관이 고향을 향해 어머니를 외쳐보라고 하면 명령에 따라 고래고래 소리치는 순간 눈물이 났다고들 웃으며 말한다. 묘하게도 '어머니'라고 외치는 그 순간, 세상에서 무서울 것 없어 보이는 그 장정들이 한꺼번에 엉엉 우는 걸 보면 참 신기하기까지 하다. 편하고 좋을 때는 생각나지 않다가도 힘들고 어려울 때면 가장 먼저 떠오르는 말이 바로 '어머니'이기 때문이다.

누구에게나 어머니는 영원한 마음의 고향이다. 세상에 그 이름만큼 위대하고 강하며 따뜻한 이름은 없다. 어쩌면 이제는 그런 어머니상像은 찾아보기 어려울지 모른다. 좋은 학원과 좋은 정보를 찾아내어 기를 쓰고 자식을 좋은 대학에 보내려 하는 잘난(?) 어머니들에게서는 예전 어머니의 그 깊고 따뜻한 정서를 찾아보기 어렵기 때문이다. 그래도 어머니의 본성은 그리 쉬이 사라지지 않을 것이다.

언제부턴지 한국의 어머니상이라고 하면 다들 신사임당을 떠올린다. 하지만 그렇게 고상하고 우아한 어머니보다는 질기고 민망할 만큼 강인한 면까지 지닌 어머니의 모습이 지금의 우리를 살려냈다. 우리들의 어머니들은 거의 모두 그랬다.

지금도 참 아깝다 여기는 작가 김소진(1963~1997)의 작품집《열린 사회와 그 적들》가운데 〈용두각을 찾아서〉라는 작품을 보면 그런 어머니의 모습이 고스란히 재현된다. 초등학교(당시에는 국민학교)를 다니던 주인공은 어느 날 집에 돌아와서 황당한 일을 당한다. 아버지는 중풍으로 누워 있고 파출부를 하다가 가발 공장에서 일하던 어머니와 누나, 형들이 한 방에 무릎을 꿇은 채 창백한 표정으로 앉아 있는 것이었다. 나중에 알고 보니 중학교에 다니던 형이 학교 화장실에서 담배를 몰래 피우다 들켜 정학을 맞고 온 참이었다. 놀랍게도 어머니는 부엌에서 쥐약 봉지를 들고 들어왔다. 이윽고 모든 문을 겹겹이 붙들어 매고는 이렇게 말했다.

"다들 눈 감아라. 허튼소리는 내지 마. 에미가 다 책임진다."

그러고는 네 남매 앞에 놓은 하얀 사기그릇에 쥐약을 탔다. 모두 함께 죽어야 한다는 어머니의 선언에 네 남매는 부들부들 떨었다. 그전에도 어머니는 입버릇처럼 말했다.

"내가 죽으면 너희들은 거지 중에서도 아주 상거지가 된다. 차라리 그렇게 사느니 서로 쥐약이라도 먹고 일찌감치 몰사 죽음을 하는 게 여러모로 깨끗하다."

한국전쟁을 겪으면서 온갖 풍상 이겨내고 이곳저곳 떠돌면서 겨우겨우 살아온 삶이었다. 죽기 전에 마지막 소원을 묻는 어머니. 그러나 아무도 감히 입을 떼지 못했다. 어머니는 막내인 주인공에게 물었다.

"뭐 먹고 싶은 거도 없단 말이냐, 이것아?"

"…… 있어요. 모찌떡이요."

어린 것이 얼마나 찹쌀떡이 먹고 싶었으면 그런 말을 할까 싶어 안쓰러운 마음에 어머니는 자신의 아랫입술을 피가 나도록 깨물었다. 그러더니 모두 셋을 셀 때 함께 들이키라고 말했다. 그러나 아무도 약사발을 들이키지 않았다.

"정 그렇다면 이 에미가 먼저 마시겠다. 너희들도 곧 따라 마시길 바라…… 자, 그럼 좋은 세상에서 보자꾸나……"

자식들이 말릴 겨를도 없이 한 대접이나 되는 약사발을 들어 벌컥벌컥 마신 어머니. 뒤늦게 형과 누나가 달려들었고 빈 대접으로 방바닥에 뒹구는 약사발에 남은 몇 모금을 마시고는 정신을 잃은 주인공. 참 황당한 노릇이다. 아버지가 누워 있던 보료 위에서 눈을 뜬 소년의 눈에 비친 건 방 한구석 책상에서 곱다시 앉아서 언제 그랬냐는 듯 흥얼흥얼 영어 단어를 외고 있는 형의 모습이었다. 누나는 엄마를 도와 저녁밥을 지으며 낭랑한 목소리로 재잘댔다. 꽁치 굽는 냄새가 그의 코를 자극했다. 비로소 자신이 살아 있다는 실감이 들었을 때 방문이 벌컥 열리더니 어머니가 들어왔다.

"엄마, 우리 안 죽은 거야?"

"싱건 놈. 죽긴 왜 죽냐? 호랭이도 제 새끼 물어 죽이지 않는 법이다. 이 에미가 암만 모질어도 새끼들을 죽이기야 하겠니? 그래도 에미 따라 죽겠다고 쥐약이라고 속인 숭늉을 마신 놈은 막내 하나뿐이구나. 갸륵하긴 갸륵하다 에이구. 옛다, 찐고구마나 하나 먹어. 잔입이니깐 꼭꼭 씹어 먹어야 해. 사잣밥이 될 뻔한 모찌떡이라 생각하고 먹어라. 명 길어지겠다."

어떻게 엄마가 그런 극단적인 쇼를 할 수 있느냐고 요즘 젊은이들은 혀를 내두르겠지만, 예전 엄마들은 그렇게 때론 극성스럽다 할 만큼 독하게 살았다. 그럴 수밖에 없는 삶이었으니까. 그런데도 어머니에게는 그것을 뛰어넘는 따뜻함이 스며 있었다. 그게 예전 우리 어머니들의 모습이고 힘이었다. 신사임당 같은 모습은 어쩌면 조금은 가공된, 또는 이념화된 어머니상이어서 마음에 닿지 않을 때가 있다. 그래서 나는 김소진이 자주 그려낸 이런 모습의 어머니가 더 살갑게 느껴진다. 바로 우리를 키워낸 어머니의 모습이기 때문이다. 어떤 역경에도 포기하지 않고 끈끈한 생명력으로 버텨온 어머니. 자식을 위해서라면 섶을 지고 지옥불이라도 마다하지 않을 그 엄청난 모성. 때론 질

려버릴 것만 같은 그 억척스러움에 넌더리 날 때도 있지만, 그 모든 게 어머니의 뜨거운 사랑임을 늦게야 깨달으며 살아왔다.

　서른다섯 나이에 아깝게 세상을 떠난 김소진. 현대 작가 가운데 그이만큼 쩍쩍 들러붙는 우리말을 구사하는 이도 드물었다. 김유정이나 현진건이 그토록 아름답게 구사했던, 그러나 점차 잊혀가는 우리말 글밭을 잘 가꾸었던 작가였기에 그의 너무 이른 죽음에 무척이나 안타까웠던 기억이 아직도 선연하다. 어려운 살림살이에서 자란 탓에 가난하고 나약한 소시민들이 겪는 삶의 애환과 인간에 대한 깊은 연민을 담뿍 담고 있던 그의 작품 속에서 아버지와 어머니의 존재는 늘 하나의 추錘처럼 깔려 있었다. 그 시절 우리의 부모님들은 태어나서는 조국이 없고, 해방이 된 뒤에는 전쟁을 겪어야 했으며, 그 뒤에는 산업화다 독재다 뒤엉키면서 인간의 가치가 곤두박질치던 세월을 고스란히 견뎌내야 했다. 그 모습을 김소진은 때론 능청스럽게 때론 처연하게 묘사했다. 그래서 그의 작품에서는 다른 작가에게서 보이는 묘한 부모 자식 간 괴리나 매끄러운 단아함을 벗어난, 그러나 아주 치열하고도 촘촘한 관계성이 그대로 드러났다. 그런데도 그의 글밭의 넉넉함이 그것들을 풍성하게 덮어주었다. 생각할수록 그의 부재가 아깝다.

나이가 들면서 엄마라는 호칭이 '어머니'라는 이름으로 바뀌었지만, 그분 앞에서 우리는 언제나 어린아이일 수밖에 없다. 그래서 어른이 되고 난 뒤 오히려 엉뚱하게 다시 '엄마' 하고 어리광 부리듯 불러야 '제맛'이었던 그 이름. 자식들 흰머리 두고 당신만 염색할 수 없다며 백발을 고스란히 드러내던, 명절마다 뭐 하나라도 더 들려 보내기 위해 마음 바쁘던 어머니. 이제는 돌아가셨지만 아흔 다 된 연세에, 혼자서는 움직이지도 못하고 가끔 정신마저 오락가락해서 자식들의 마음을 안타깝게 하셨던 어머니. 그 고운 자태 모두 사라지고 잇몸으로 겨우 음식 드시는 쭈그렁 할머니가 된 엄마. 그런 어머니이지만 존재 그 자체가 고마움이며 애틋함인 어머니였다.

돌아가시기 여러 해 전 그리울 때마다 전화로 "엄마!" 하고 부르면 "그래, 별일 없지? 너희들만 건강하면 된다. 엄마 걱정은 조금도 하지 않아도 돼" 하시며 오히려 자식 걱정이 앞섰던 어머니. 올여름 가장 더운 날쯤 될 당신의 기일에는 평소에 올리던 뜨거운 커피 대신 얼음 동동 띄운 아이스 아메리카노를 갖다드릴 생각이다.

　지금도 어려운 일이 있을 때마다 무심코 터져 나오는 한마디는 언제나 "엄마!". 아무리 병들고 늙었어도 그런 어머니의 존재가 있었다는 사실이 얼마나 행복하고 든든했던가. 영원한 존재의 고향. 그 이름 불러보는 것만으로도 눈물이 뚝뚝 떨어질 것 같은, 세상에서 가장 따뜻한 이름이 '엄마'다.

어떠한 이유도 조건도 없으며
끝까지 흔들리거나 변하지 않는 사랑이
극상의 사랑이다.
그 유일한 표상이 모성애다.

세상에서 가장 정겨운 사람

최고의 행복은

우리가 사랑받고 있다는 확신이다

지금은 세계 최저 수준의 출산율을 걱정하지만 기성세대의 어린 시절만 해도 4~6남매는 보통이고 많으면 10명 가까운 자녀를 둔 집도 많았다. 배고픈 시절이었으니 인구 증가가 부담스러워 적극적으로 가족계획 캠페인을 벌였고 그 덕에 두 명의 자녀를 둔 경우가 생겨났다. 좁은 집에 올망졸망 대여섯 명의 자녀들이 한데 어울리다 보면 다툼도 있지만 끈끈한 정이 생겨나는 건 자연스러웠다. 시니어 세대들이 지닌, 가난을 공유한 형제자매들만의 독특한 유대감과 깊은 속정이 젊은 세대들에게는 낯설지도 모른다. 하지만 그들에게는 그 끈끈히 이어진 마음이 무엇과도 바꿀 수 없는 인생의 맛이자 힘이었다.

그는 지금 이름만 대면 많은 이들이 아는, 제법 큰 기업을 운영하는 회장이다. 그에게는 형제자매들이 많았다. 하지만 그가 어린 시절, 고등학교나 대학교에 진학하는 것은 당시로서는 당연하다는 듯 남자 형제들뿐이었다. 누나들은 일찌감치 직장에 나가서 동생들 뒷바라지를 해주었는데, 특히 큰누나는 둘째 누나가 먼저 시집을 가는 바람에 그 몫까지 도맡느라 혼기까지 놓쳐 느지막이 시집을 갔다.

그때는 그런 시절이었다. 딸은 중학교에도 보내지 않는 부모들도 수두룩했다. 딸은 시집가면 남의 식구가 되지만, 아들은 든든한 버팀목이자 집안을 일궈내고 제사를 지내는 존재라는 생각이 자연스럽게 지배하던 때였다. 그래서 누나들은 남동생 뒷바라지를 위해 중학교까지만 마치고 공장에 다니거나 남의 집 식모살이를 해야 하는 경우도 흔했다. 누나들은 박봉을 받으면서도 안 먹고 안 입고 안

쓰며 알뜰하게 모아 동생들에게 학비며 생활비를 대주었다. 그렇게 뒷바라지해 교육시킨 동생을 누나들이 어쩌면 반은 자식과도 같이 여기는 건 자연스러웠다.

그도 그렇게 큰누나의 도움으로 대학을 졸업했다. 그리고 대기업에 다니다가 호기롭게 독립해서 자기 회사를 세우고 한동안 잘나갔다. 그렇다고 큰누나에게 보은을 한 것은 아니었다. 그저 큰누나의 희생은 당연한 것으로 여겼다. 그래도 누나는 서운한 기색 한 번 드러내지 않고 동생이 잘된 게 그저 고맙다며 대견해했다. 만나는 사람들에게 동생 자랑하는 게 낙이라고 할 정도였다.

하지만 잘나가던 회사가 뜻하지 않은 부도를 맞아 한순간에 물거품처럼 허물어졌다. 사람을 너무 쉽게 믿었던 까닭도 있었지만 자신의 사업은 끄떡없을 것이라는 지나친 자신감이 자초한 재앙이기도 했다. 그의 사업 실패에 아내보다 더 애통해한 사람이 큰누나였다. 회사 문을 닫고 몇 달 동안 백수로 지내다가 안 되겠다 싶어 그는 식구들에게는 말하지 않고 집 짓는 공사판에 막일을 하러 다녔다. 막노동은 해본 적이 없어 힘들었지만 적어도 일하는 동안은 근심과 분노를 잊을 수 있어서 좋았다. 그런데 생각지 못한 일이 생겼다. 하필 그가 일하던 건물 신축 공사

현장의 건축주가 누나의 친구였던 것이다. 결국 그가 막노동하는 걸 누나가 알아버렸다. 지금이야 직업에 귀천이 없고 건설 막노동도 부끄러운 일이 아니지만 그때만 해도 대졸자의 일은 아니라 여기던 시절이었다.

한 달쯤 지났을까. 매형의 전화를 받고 시내의 한 다방에서 만났다. 과묵하고 무던한 성격의 매형은 자리에 앉자마자 그에게 제법 묵직한 봉투 하나를 건넸다. 누나와 매형 살림에 비춰볼 때 큰돈이 들어 있었다.

"이게 웬 돈이에요? 매형, 저 이거 없어도 돼요. 저 잘나갈 때도 누나네 살림에 도움 드린 적 없는데 제가 무슨 염치로 이걸 받아요. 그냥 가져가세요. 마음만 받을게요. 고마워요."

그는 자신의 사업이 번창할 때 미처 챙겨주지 못한 누나에게 미안하고, 매형에게는 민망하기도 했다. 그런데 평소 말이 별로 없는 매형의 한마디 말이 그의 삶을 완전히 뒤바꿔놓았다.

"처남, 내가 이 돈 자네 예뻐서 주는 게 아니야. 이렇게라도 하지 않으면 내 마누라가 죽을 것 같아서 그래. 자네 부도난 뒤로 누나가 거의 매일 불공드리러 절에 다녔어. 그런데 자네가 누나 친구네 집 짓는 데서 일하고 있다는 말을 듣고 나서부터 눈물 마를 날이 없다네. 한숨에 방바닥이 꺼질 것 같아. 내게는 말도 못 꺼내고 여기저기 돈 빌리러 다니는 눈치던데 그게 어디 쉽나. 세상에 남의 돈 빌리는 것만큼 어렵고 서러운 게 없지. 그러더니 이젠 안달이 났네. 이러다 사람 죽겠다 싶어 내가 눈 딱 감고 주택부금 깼네. 자네는 처가의 희망이고 기둥 아닌가. 매형으로서가 아니라 남자 대 남자로서 부탁하네. 이게 큰돈은 아니지만 이걸 기반으로 다시 일어서보게."

그날 그는 매형의 손을 잡고 엉엉 울었다. 그리고 누나와 매형을 위해서라도 꼭 재기하겠다고 결심했다. 독하게 마음먹고 종일 일에만 매달렸다. 집 짓는 일을 할 때 알게 된 반장을 통해 매형이 준 돈으로 장비를 마련해서 독립적으로 하청을 받아 공사에 참여하며 조금씩 일을 키워나갔다. 때마침 예전 사업할 때 자기가 도와줬던 거래처 사람의 도움을 받아 '집장사'를 시작했다. 처음 한 채를 지을 때는 자금이 모자라 피가 마를 듯하더니, 조금씩 규모가 커지고 돈도 제법 벌게 되었다. 당시 분당과 일산 등 1기 신도시에서는 아파트와 독립주택 중간에 상업지역 겸 주택지로 쓰도록 분양된 토지가 있었는데, 이 중 미건축 상태인 부지는 반납해야 하는 규정이 있어서 3, 4층짜리 건물을 짓는 일이 쏟아졌다. 자연스레 그의 회사로 발주가 들어오는 일들도 눈덩이처럼 불어났다. 정신없이 일하느라 세월이 어찌 흘러가는지조차 느낄 틈이 없었다. 그렇게 그의 새로운 사업은 나날이 번창했고 얼마 뒤엔 큰 건설회사로 전환해야 할 만큼 성공을 거뒀다. 그렇게 제2의 창업에 성공해서 언젠가 TV 대담 프로그램에 출현한 그는 눈시울을 붉히며 이렇게 말했다.

"제 평생 가장 행복했던 순간은 재기해서 누나와 매형에게 근사한 집 한 채 지어드렸던 일입니다. 지금 보면 보잘것없는 집이겠지만 그때는 얼마나 흥분되고 행복했는지 모릅니다. 마흔 넘어서야 처음으로 누나에게 은혜를 갚았으니 늦어도 너무 늦었지요. 그래도 누나와 매형이 얼마나 고마워하던지⋯⋯ 우리 누나와 매형은 그런 분이셨어요."

처남이 마련해준 집에 처음 입주하던 날, 문 앞에서 눈물 글썽이던 매형이 그를 껴안았다.

"자네가 성공해서 기쁜 게 아니라 끝내 포기하지 않고 다시 일어서줘서 고맙네."

"매형이 일으켜주셔서 가능했던 일이에요. 그때 매형 아니었으면 어쩌면 저는⋯⋯"

그는 끝내 말을 맺지 못했다. 그런 그를 매형이 타이르듯 도닥이며 말했다.

　"처남이 누나를 살려줬어. 자네가 끝내 일어나지 못했으면 누나는 병이 났을 거네. 그러니 내가 더 고맙지."

　두 사내는 서로에게 고맙다며 한참을 그렇게 껴안고 있었다. 그가 조카들을 각별하게 챙기는 것도 누나에 대한 고마움을 뒤늦게 깨달았기 때문이다.

　"너희들, 엄마 아빠께 잘해라. 필요한 건 이 외삼촌에게 말하고. 유학 가고 싶으면 그 비용 다 외삼촌이 맡으마. 나처럼 뒤늦게 후회하지 말고 부모님께 평소에 잘해다오. 네 엄마는 하늘에서 내려온 천사고 아빠는 법 없어도 사시는 호인이야. 내 평생 갚아도 그 은혜 못다 갚을 분들이지."

　큰누나는 한참 전에 환갑을 치렀고 이제는 칠순이 코앞이다. 동생들이 훌쩍 커서 이미 자식들 혼인까지 시켰는데도, 누나들의 눈에 비친 동생들은 여전히 예전 코흘리개 어린 모습 그대로인 모양이다. 누나들은 지금도 동생들이 좋아하던 음식이라며 이것저것 챙겨준다. 동생들 눈에도 누나는 늘 예전의 곱던 처녀 시절 모습으로 남아 있다.

　누나. '오빠'라는 말에서는 찾아보기 힘든 정겨움이 한가득 담긴 이름. 그런 누나 앞에서 우리는 항상 어리광 부리던 꼬맹이 모습으로 서 있다. 어릴 적 누나 품에 안길 때 맡았던 화장품 냄새가 아직도 코끝에 걸려 있다.

가족끼리 서로 사랑하고 공경하는 것이
가장 아름답고 소중하다.
의외로 우애를 찾기가 예전 같지 않은 듯한 풍토는
형제가 많고 적고의 문제는 아닐 것이다.
누나들이 베푼 사랑은 당연한 것으로 여기고,
제 잇속에만 마음이 먼저 닿지는 않았는지
돌아볼 일이다.

엄마니까

천국은

어머니의 발 앞에 엎드려 있다

　　오래전 한 TV 프로그램 가운데 〈인터뷰 게임〉이라는
게 있었다. 평범한 시민이 자신의 알고 싶은 문제나 풀어
야 할 고민을 직접 맞닥뜨리며 사람들을 인터뷰하는 독특
한 프로그램이었다. 채널을 돌리다 우연히 보게 되었는데
그날의 주인공은 스물두 살 여대생이었다. 차분하고 단아
한 느낌의 아가씨인데 어딘가 어두운 그늘이 보여서 눈길

을 사로잡았다. 그 까닭을 금세 알 수 있었다. 그녀는 18년간 헤어진 채 지내온 엄마를 찾아 나서는 길이었다.

엄마는 그녀를 두고 집을 떠났다. 걸음마 떼고 말 배운 지 얼마 되지 않았을 그 어린 것을 떼어놓고 도주한 어머니라니. 바람이라도 난 것일까? 아무리 그래도 그렇지, 그 어린 게 눈에 밟혀서 어떻게 혼자 도망갔을까. 방송을 보다 보니 사연의 윤곽이 차츰 드러났다. 그녀의 어머니가 도망간 것은 전적으로 아버지의 폭력 때문이었다.

아버지는 걸핏하면 술을 마시고 가족에게 행패를 부렸다. 아무리 술이 원수라지만 술만 마셨다 하면 어김없이 집으로 돌아와서는 폭력을 휘둘렀는데 살기마저 등등해서 누가 나서서 말리지도 못할 지경이었던 듯했다. 힘없는 여자의 몸으로 그 폭력을 받아내는 게 얼마나 지옥 같았을까. 오죽하면 사랑하는 딸을 남겨두고 집을 도망치듯 떠나야 했을까.

그 행패는 짐작건대 딸에게도 예외는 아니었던 것 같다. 혼자 남은 딸은 그런 아버지와 거의 인연을 끊고 지낼 수밖에 없었단다. 얼마나 괴롭힘을 당했으면 천륜을 끊을 생각을 했을까. 다른 이도 아니고 제 아버지로부터 받는 고통을 더 이상 견딜 수 없어 그랬을 것이다. 차라리 남이었으면 싶었을 때가 어찌 없었을까. 남이면 그저 보지 않으면 되지만 가족은 때론 천형처럼 떼어놓을 수 없어서 더 힘들고 괴롭다.

아버지의 술주정과 행패가 심해질수록 그녀는 어머니가 그리웠다. 남들은 어린이날이면 아빠 엄마 손 잡고 놀이동산으로 놀러가거나 백화점에서 멋진 장난감이나 예쁜 인형을 마음껏 고르며 오롯이 행복을 누렸다. 그럴 수 없는 처지였던 어린 소녀는 오히려 어린이날이나 크리스마스 그리고 명절처럼 벅적벅적한 날들이 오히려 더 외롭고 슬펐다. 고아 아닌 고아로 살 수밖에 없었던 자신의 운명을 못내 받아들이기 어려운 만큼 그에 비례하여 어머니에 대한 그리움과 원망은 커져만 갔다.

그런 마음은 사춘기에 접어들어서도 지울 수 없었다. 그러다가 우연한 경로로 외삼촌의 주소를 알게 되었고, 그녀는 늘 보고팠던 어머니 소식을 물었다. 그리고 며칠 후 짧게 걸려온 전화.

"엄마야. 잘 있었니?"

그것이 마지막이었다. 그날 이후로 2년 동안 엄마는 아무런 연락조차 없었다. 내막을 알 수 없었기에 더욱 이해하기 어려웠다. 18년 만에 알게 된 딸의 현재인데 어떻게 다시 그렇게 연락이 두절될 수 있을까 싶었다. 어머니가 야속하게 느껴졌으리라. 그래도 다행히 그 여학생은 샛길로 새거나 좌절하지 않고 열심히 공부해서 대학에 진학했다. 대학 생활은 자못 행복했지만 학업을 이어가는 일은 퍽 힘들었다. 적지 않은 대학 등록금 때문에 힘겹게 아르바이트를 해서 학비를 벌어야 하는 고단한 삶 가운데에서도 그녀의 마음속에서는 늘 엄마 생각이 떠나질 않았을 것이다. 마침내 그 여학생은 엄마를 찾아 나서기로 마음먹고 TV 프로그램에 사연을 신청했다. 사연을 다 알고 나자 방송의 시작 배경이 서울고속버스터미널인 이유가 이해됐다.

그러나 기대와는 달리 멀리 경상도까지 힘겹게 찾아간 외삼촌은 그 여학생을 그다지 반기는 눈치가 아니었다. 심지어 조금 더 지난 뒤에 만나면 어떻겠냐고 말했다. 그 장면을 보면서 시청자인 나조차 야속하다는 느낌을 받았다. 그녀의 표정엔 실망과 절망이 역력했다. 한 발짝 떨어져 보는 내 마음도 그럴진대 그 여학생이 느꼈을 절망감은 내가 느낀 것의 수십 배, 아니 수천 배나 족히 더 컸을 것이다.

외삼촌의 말로 유추해보건대 아마도 어머니는 재혼했을지도 모르겠다 싶었다. 이미 새로운 가정을 이루고 사는데 난데없이 나타난 친딸의 존재가 얼마나 곤혹스러울까. 아마도 그래서 외삼촌은 여동생과 조카의 상봉을 꺼렸던 게 아닐까. 그 여학생은 눈물을 보이거나 원망의 기색을 드러내지 않았다. 자기에게 닥친 상황을 의연하게 받아들였다. 그러나 고개를 숙이며 떨군 그녀의 눈에 살짝 눈물이 고였다. 외삼촌도 그런 조카가 안쓰러워서 천장만 바라보았다. 피붙이 조카를 매몰차게 외면하지는 않았다. 두 사람 사이에 이런저런 이야기가 조각그림처럼 흩어졌다. 몇 시간쯤 지났을까. 이모가 그녀를 만나러 왔다. 그녀를 보자마자 이모가 말했다.

"네 엄마랑 꼭 닮았구나."

그 말만으로도 딸은 행복해하는 것 같았다.

"엄마가 날 알아보실까요?"

이모를 보니 엄마의 모습도 비슷할 거라는 생각이 들었다. '엄마'라는 말이 입에서 튀어나올 때 그녀의 표정은 세상 행복해 보였다. 얼마나 '엄마'라는 말이 하고 싶었을까!

"그럼. 엄마는 틀림없이 널 알아보고 말고. 엄마니까……"

'엄마니까'라는 그 한마디만큼 그 프로그램을 통틀어 감동적인 말은 없었다. 마침내 다음 날 엄마가 딸에게 나타났다. 저 멀리서 무거운 발걸음을 옮기는 한 중년 여인이 여학생 가까이로 천천히 다가왔다. 그녀의 모습에서 삶의 고단함이 엿보였다. 그녀의 얼굴에는 딸을 만난다는 기쁨과 딸에 대한 미안함이 교차한 표정이 고스란히 묻어났다. 마침내 모녀가 상봉했다. 무려 18년 만에.

하지만 딸은 시청자들의 짐작과는 달리 슬픔에 겨워하지 않았다. 펑펑 눈물을 쏟으며 상대의 가슴을 때리지 않는, 약간은 냉정한 듯도 한 그 태도가 오히려 진실하게 보였다. 선한 눈을 가진 딸은 마음도 고왔다. 솟구치는 감정을 자제하는 딸의 모습에는 혹시라도 자신의 존재와 갑작스러운 출현이 어머니에게 부담이 되지 않을까 배려하는 마음이 깔려 있었다. 딸은 어머니가 재혼한 건 아니라는 걸 알았다. 그 말 한마디로 딸의 얼굴은 안도하는 표정이 되었다. 어머니는 딸이 여태 아버지와 사는 줄 알았다고 했다. 그 폭력이 두려워 어찌하지 못했다고도 했다. 2년 뒤쯤 돈이 좀 모아지면 딸을 찾으려 했다는 고백이 이어졌다.

"엄마, 내가 한번 안아봐도 돼요?"

얼마나 그 품에 안겨보고 싶은 꿈을 꿨을까? 엄마는 그 말에 다시 눈물을 쏟았다.

"사랑해요, 엄마. 이 말을 이렇게 늦게 해서 미안해."

딸은 오히려 엄마를 위로하고 달래주었다. 참 아름다운 마음을 가진 딸이었다. 엄마는 그 말에 더 이상 할 말을 잇지 못했다. 외가 식구들과 함께 하룻밤을 지낸 그녀는 다시 자신의 삶의 터전으로 돌아갔다. 꿈에도 그리던 엄마와 함께 지낸 그 밤, 모녀는 얼마나 행복했을까? 버스 터미널에서 그녀가 곧 엄마와 함께 지낼 수 있는 때가 오도록 열심히 살겠다는 다짐을 하며 꾸벅 인사할 때, 겨울의 스산함마저 모두 사라졌다.

"엄마니까……"

이 세상에서 그보다 아름다운 말은 찾기 어려울 것이다. 아니, 없을 것이다. 어떤 산보다 높고 어떤 바다보다 깊은 그 엄청난 사랑의 중심. 그것은 논리도 이성도 감성도 뛰어넘을 뿐 아니라 영혼의 초월성까지도 넘어서는 '위대한 이유'다.

맹무백이 어떻게 하는 것이 효냐고 묻자
공자가 대답했다.
"부모가 오직 자녀의 질병만을 걱정하도록 해야 한다."
부모는 함께 살건 떨어져 살건 항상 자식 잘 지내고
건강하기만을 걱정하는 분들이다.
내가 건강한 것, 그것이 가장 큰 효도다.

시인과 농부

인생은 흘러가는 것이 아니라

채워지는 것이다

시인이 친구라는 건 근사한 일이다. 그가 툭툭 내뱉는 말 한마디, 보내준 짧은 글귀 하나하나가 그대로 시 구절이니 말이다. 시인이 친구라는 건 좀 피곤한 일이다. 거의 다 가난하기 때문에 계산은 늘 내 몫이어야 한다는 생각이 들기 때문이다. 그래도 시인을 친구로 둔다는 게 어디 흔한 일인가. 그와 같은 시대에 태어나 같은 땅에 살며 같은 언어로 지란지교芝蘭之交 한다는 건 귀하고 귀한 선물이다.

내 친구 시인 'ㅂ'은 '어김없이' 가난하다. 남들 눈에는 가난이 천형天刑처럼 느껴질 텐데 정작 그는 늘 태연하다. 가난이 몸에 배서가 아니라 가난조차 그를 어쩌지 못하는 품성과 기질이 그에게서 묻어난다. 아침 햇살이 처마 끝에 걸려 금세라도 그늘을 걷어낼 기세일 때 라디오에서 익숙하게 들리는 프란츠 폰 주페의 〈시인과 농부Dichter und Bauer〉 서곡이 울려 퍼진다. 넉넉하고 느긋한 전원의 아침이라면 더 잘 어울릴 듯한 느낌이다. 곡은 점차 씩씩하게 달려가며 농부의 소박한 삼박자 춤으로 이어진다. 이 곡을 들을 때마다 나는 친구 'ㅂ'이 생각난다. 언젠가 그와 함께 커피를 마시는데 그 음악이 흘러나왔다. 그때 그가 무심한 듯 한마디 툭 던졌다. 마치 별일 아니라는 듯.

"저 음악의 주인공은 나야 나."

제목에 시인이 들어갔다고 제 노래라고 우기는 것 같아 쏘아붙이려는데 그가 들려준 이야기에 그만 입을 다물고 말았다.

시인이라고 이슬('참이슬'은 잘 마시더라만)만 먹고 살 수는 없는 노릇이라 밥벌이를 외면할 수는 없었을 것이다. 싱싱한 청춘일 때는 그도 야무진 꿈이 있었을 것이다. 대학을 졸업한 후 그는 대기업에 취업했다. 내가 가난한 대학원생 시절일 때 두둑한 월급을 받는 그에게 근사한 저녁을 얻어먹기도 했다. 그런데 녀석이 얼마 지나지 않아 퇴직했다는 연락을 받았다. 출근하는 길에 보도블록 사이로 노란 민들레가 고개를 내밀고 있는데 도저히 그걸 못 본 척하며 회사로 갈 수 없더란다. 나는 하도 어이없고 그게 치기로만 보여 "미친놈!"이라고 타박했다. 그러면서도 은근히 그 심성이 좋았다. 얼마 뒤 출판사에 취직해서 글밭 쟁기질하고 뒷갈망해주는 일을 한다며 바보처럼 씩 웃는 녀석이 안쓰럽기도 하고 멋져 보이기도 했다. 답답해 보일 때가 더 많았지만 정작 그는 조금도 그런 기색이 엿보이지 않았다. 퇴근 후 집으로 돌아가서는 시 한 편은 고사하고 한 줄도 못 쓰고 밤새 끙끙대는 일을 몇 해 용케 견디더니 끝내 출판사마저 그만두고 '전업 시인'이 되었다며 불쑥 전화해서 깔깔대는 그에게 나는 또 한 차례 욕설 섞인 타박으로 몰아세웠지만 그는 그저 흐흐 웃을 뿐이었다.

친구들은 그가 결혼이라도 해야 마음을 잡겠다며 여기저기서 소개를 주선하겠다고 나섰지만 정작 본인은 그리 달가워하지 않아서 우리는 그 녀석이 고자일 거라고 투덜댔다. 그러나 녀석은 '시인은 정박하지 못하는 배'라며 자신에게 결혼은 정박하지 않는 배를 기다리는 항구에게 몹쓸 짓이라며 가볍게 웃어넘겼다. 부박한 세상에서 '전업' 작가, 그것도 전업 시인의 삶이 어떤지 빤히 보이는데도 그는 자신은 행복하기만 하다며 우리의 호들갑을 가볍게 일축했다. 그의 첫 시집을 받았을 때 글자 하나하나에 묻어난 그의 삶이 보여 애잔했던 한편, 그 의연함이 고마웠다.

어느 휴일(전업 작가에게 무슨 '휴일' 씩이나! 그런데도 그는 꼬박꼬박 '휴일'이라고 힘주어 말했다) 이른 새벽 기진맥진해서 겨우 잠이 들었는데, 난데없이 택배 하나가 그의 늦잠을 깨웠단다. 뜬금없이 쌀 한 가마가 배달된 것이다. 보낸 사람은 초등학교 친구로 수십 년 동안 고향을 지키고 있는 이였다. 시인은 친구에게 전화를 걸었다.

"야, 이게 웬 쌀이냐?"

"벌써 도착했냐? 올가을 첫 수확한 쌀이다. 맛있게 먹어주면 고맙겠다."

시인의 친구는 왜 쌀을 보냈느냐는 물음은 가볍게 능치고 엉뚱한 대답만 늘어놓았다.

"너 힘들게 수확한 쌀을 왜 내게 보냈냐고?"

죄다 서울로 올라가면 고향은 누가 지키며, 자신에게

헌신하신 부모님은 어찌 보살필 수 있느냐며 일찌감치 고향의 농업고등학교에 진학해서 농부가 되겠다던 친구였다. 어느 해인가 방학 때 고향에 갔을 적 그 친구 집에 가서 농사짓는 일을 하루 도왔더니 두고두고 고마워하던 친구였다. 농부가 한 가마의 쌀을 얻기 위해 얼마나 힘들게 일해야 하는지, 그렇게 힘들여 거둔 곡식이 세상에서 얼마나 온당한 대접을 못 받는지 잘 아는 그였기에 속으로는 고마우면서도 말은 퉁명스럽다 못해 날이 섰다. 퍼런 날이 아니라 따뜻한 우정의 날이.

"짜샤, 이 형님이 보내주면 군소리 말고 그냥 '고맙습니다!' 하고 잘 먹으면 되지, 뭘 그리 따지누. 명색이 시인이란 놈이 그렇게 말이 메말라서야 쓰겠냐."

내 친구 시인은 나라 안팎의 형편이 갈수록 농부의 삶을 옥죄는 게 마음이 쓰여 몇 해 전부터 일부러 친구의 쌀을 팔아주고 있었다. 작은 도움이라도 되고 싶어 시작한 일이지만 사실 혼자 사는 살림이라 10킬로그램도 한 번 사두면 한참을 먹는 터라 한 가마니나 사줄 엄두가 나지 않았다. 그래서 다른 이들에게 소개도 하고 간청도 했지만 워낙 인맥 쌓는 일에 힘쓴 처지도 아니었고, 남들에게 아쉬운 소리 못하는 숫기 없는 성정을 지닌 터라 그것도 제대로 못해주는 게 늘 마음의 빚으로 박혀 있었다. 그런데 갑자기 쌀 한 가마가 예고도 없이 배달되었으니 고마움 이전에 곤혹스러움이 먼저 찾아왔다. 시인은 홀쭉한 지갑 탓에 배달된 쌀이 내심 부담스러웠다. 그런 심정을 익히 알고 있다는 듯 농부 친구는 묻지도 않은 말을 했다.

"인마, 공짜로 먹을 생각은 하지 마. 그렇다고 돈 보낼 생각은 더더욱 말고. 앞으로 쌀 한 가마 보낼 때마다 내게 시 한 편만 써줘. 그게 오글거리면 나를 생각하고 그냥 쓰기만 해. 내게 보낸 시라고 생각할게. 그래, 시 쓰는 게 농사짓는 것만큼 힘든 거 안다. 그냥 열심히 시 쓰고 열심히 살아주면 돼."

"미친놈. 잡지나 신문에 시 한 편 실어봐야 쌀 한 말 값밖에 안 돼. 그러니 이건 공정거래가 아니지. 계좌번호 문자로 보내라. 쌀값 보내마."

시인이 가난하지만 농부도 가난하기는 매한가지라는 걸 알기에 시인은 농부 친구가 보내준 쌀을 공짜로 받을 수는 없는 노릇이라고 깔끔을 떨었다. 거듭 계좌번호를 알려달라는 시인의 말에 농부 친구는 버럭 화를 냈다. 그렇다고 애들 말마따나 '빈정' 상한 것은 아니었다.

"너, 그거 보내면 절교야. 나쁜 자식 같으니라고. 사실

시인이라는 것만으로도 넌 이미 값을 다 치른 거야. 네가 시를 끝까지 포기하지 않는 게 얼마나 고마운 일인데, 인마. 시인을 친구로 두고 있는 농부가 흔할 줄 아냐? 나 그거 무지 뿌듯하다. 신문에 네 시가 실릴 때마다 아는 사람들한테 다 보여주고 읽어주며 자랑하는 거, 그거 은근히 우쭐하거든. 그걸 사진 찍어 SNS로 보내주면 다들 좋아해. 평생 시 한 편 읽어보지 않은 놈들까지 그렇다니까. 너 그거 모르지? 그러니 내가 지은 쌀로 네가 밥해 먹고 좋은 시 쓰면 내가 두 배로 행복할 거야. 굳이 셈으로 따지면 내가 남는 장사란 말이다 이거야, 미안하지만."

시인은 전화 통화가 아니고 마주 보고 나눈 대화였다면 주먹으로 한 대 갈기며 농부 친구를 덥석 안아주고 싶었다. 하지만 자신의 눈물을 보이지 않아도 되어서 한편으로는 그게 더 안심도 되는 게 다행스러웠다. 그거 참, 서로 행복하기도 하고 민망하기도 한 일이다.

"야, 시인! 우리 중학교 때 음악 시간에 듣던 〈시인과 농부〉라는 곡 기억나냐? 제목에 농부가 들어가 있어서 그런지 난 그게 참 좋아. 게다가 시인까지 들어 있잖아. 이거 딱 우리 얘기지, 안 그래? 하하하!"

"싱거운 놈. 그러면 그 곡은 주페가 너랑 나를 위해 작곡한 곡이냐? 나훈아의 〈흙에 살리라〉는 너를 위해 만든 노래고?"

"야, 시인! 공자 앞에서 문자 쓰는 격이겠지만, 네 시에는 꿈틀대는 정직한 삶이 들어 있어. 내 비록 무식한 농부지만 그런 것쯤은 읽어낼 수 있다. 그렇게 사는 사람에게만 가능한 일이지. 나는 시가 관념이 아니라 삶이라는 말을 믿거든. 너 시 쓰는 게 나는 자랑스럽다. 그런데 우리끼리니까 하는 말이지만, 사는 건 조금 힘들지? 어쩌겠냐. 시인은 가난한 법이라더라. 농부도 별반 다르지 않겠지만. 너네 시인들이라고 어디 이슬 먹고 사는 존재가 아니지. 그래도 세속에 휘둘리지 않고 가난도 너그럽게 묵인하며 품을 수 있어야 시를 쓸 수 있는 거 아니겠냐? 돌팔이 평론이지만 크게 틀린 말은 아닐 게야. 시인이 가난하다고 쫄 것도 없고 꿀릴 것도 없어. 너 밥은 굶지 않게 해줄게, 이 형님이 말이야."

시인은 목이 메어 대답을 못했다. 언어의 부재가 어색하게 이어졌다.

"나 오늘 재준이네 추수하는 거 도와주러 가야 된다. 이만 끊자."

마치 화상 전화로 상대의 모습을 다 보고 있는 듯 농

부 친구는 마무리까지 제 몫인 양 툭 뱉으며 무심하게 전화를 끊었다.

농부 친구가 보내준 쌀은 아직 한참을 더 먹어도 될 만큼 남아 있다고 했다. 친구가 보내준 쌀 한 톨 한 톨이 그에겐 시 그 자체였다. 그 이야기를 들은 후 나는 그의 시를 읽을 때마다 글자 하나하나가 모두 쌀알로 보였다. 〈시인과 농부〉 서곡에 '시인'이 들어 있어서 좋아했던 시인은, 이제 그 제목에 '농부'가 함께 있어서 더 좋아하게 되었다며 히죽 웃었다. 주페의 생각은 이제 내게 아무 고려의 대상이 아니다. 나는 그 곡을 들을 때마다 내 친구 시인과 그의 친구 농부 사이의 진한 우정을 떠올리는 것만으로도 충분하다.

먼 곳에서 벗이 찾아와서 기쁜 게 아니라
먼 곳에 있는 벗을 찾아갈 수 있는 게
더 기쁘고 즐거운 일이다.
아니, '벗이 있어'라는 말 자체가, 내가 누군가의
벗이라는 것 자체가 이미 충분히 행복한 일이다.

그가 이제 헬멧을 쓰지 않는 이유

집을 아름답게 꾸며주는 건
자주 찾아오는 친구들이다

　한 주가 지나면 1년 중 가장 바쁘게 뛰어야만 하는 추석 밑이다. 한기택 씨는 벌써부터 마음이 조급하다. 꼭두새벽부터 배달을 시작해서 해 떨어진 한참 뒤에야 겨우 하루의 일을 끝낼 수 있기 때문이다. 물론 힘들게 열심히 일한 만큼 수입이 생기니 마다할 일은 아니다. 오히려 메뚜기도 한철이라고, 사실 '날마다 한가위만 같아라'가 아니

라 '날마다 한가위 열흘 전만 같아라'라고 노래하고 싶을
정도다.

　퀵서비스 일이라는 게 생각보다 힘들다. 배달 건수만
큼 수입이 나오기 때문에 잠시도 머뭇거리거나 쉴 틈이 없
다. 그래서 한창 바쁠 때는 일부러 물도 마시지 않는다. 화
장실 가는 시간도 아깝기 때문이다. 퀵서비스 일을 하기
전에는 길에서 오토바이들이 곡예 운전을 하는 게 영 못마
땅했는데, 막상 자신이 오토바이를 몰고 큰길로 나가보니
모든 자동차들이 자신을 향해 으르렁대는 것만 같아서 무
섭기까지 했다. 왜 그리도 차들이 쌩쌩 달리는지 매번 생
명의 위협을 느낄 정도였다.

　그래도 이 일을 한 지 벌써 3년이 지나다 보니 이제는
시내의 어지간한 길은 눈을 감아도 또렷하게 보일 정도다.
어디가 지름길인지 훤히 꿰뚫게 되어 내비게이션 안내를
무시할 때도 다반사다. 여전히 힘은 들지만 그래도 일할
수 있다는 사실만으로도 고마워하며 하루하루 열심히 살
아간다.

　그를 잘 모르는 사람들은 칭찬 반 비아냥거림 반 그가
아주 모범적인 퀵서비스맨이라고 부른다. 젊은 친구들 가
운데 일부러 헬멧을 쓰지 않고 멋 부리는 이들도 꽤 많다.

그런데 한기택 씨는 무슨 일이 있어도 헬멧을 벗는 법이 없다. 심지어 사무실에 들어가 수신인을 찾을 때도 특별한 경우가 아니면 헬멧을 꼭 쓰고 다닌다.

그가 헬멧을 벗지 않는 데에는 나름의 까닭이 있다. 몇 해 전까지만 해도 그는 꽤 알찬 기업을 운영하던 사장이었다. 그런데 난데없이 가장 큰 거래처인 대기업이 부도가 나면서 연쇄적으로 그 피해를 떠안게 되었다. 거래처의 유동성 위기설이 나돌았을 때도 설마 대기업이 부도가 나겠냐며 버텼지만 대기업조차 몰락은 순식간이어서 손쓸 틈도 없었다. 게다가 회계와 경리를 믿고 맡겼던 친척 동생이 회사 자금을 빼돌려 주식에 투자했다가 큰 손실을 보자 잠적해버린 상태였다. 힘들게 일군 그의 회사는 헐값에 넘어가고 말았다. 눈앞이 캄캄했다.

이후 그는 몇 달 동안 술에 빠져 살았다. 생각할수록 억울하고 어이가 없어서 울분이 쌓이고 눈물이 마르지 않았다. 더구나 당시 외동딸이 고등학교 2학년이었으니 딸을 볼 때마다 미안하고 자신이 원망스러워 집에 들어가는 일도 두려워졌다. 실제로 서울역에서 일주일여 간 노숙을 한 적도 있었다. 하지만 휴대전화 바탕화면에 있는 딸의 사진과 딸과 아내로부터 온 수십 통의 부재중 전화와 문자를 보면서 그대로 무너져 삶을 마감할 수는 없다는 생각이 들었다.

　마음을 추스르고 일자리를 수소문해봤지만 안타깝게도 마땅히 할 만한 일은 없었다. 다행히 함께 노숙하던 비슷한 또래의 사내가 퀵서비스 일을 나가면서 그를 데리고 갔던 게 계기가 되어 길이 열리기 시작했다. 처음에는 죽어라 고생만 하고 돈은 별로 만져보지 못했지만 그래도 포기하지 않았다. 다행히 딸은 잘못된 길로 새지 않고 열심히 공부했다. 그것만으로도 고마워 딸아이의 대학 등록금을 마련하기 위해 쉬지 않고 뛰었다.

　"아빠, 엄마, 고마워요. 내 친구 아빠는 실직하고 엄마와 싸워서 결국 이혼하고 할머니와 함께 살고 있는데 엄마와 아빠는 이렇게 열심히 살잖아. 나도 열심히 공부해서 기대를 저버리지 않을게요. 사랑해요. 그리고 아빠 엄마가 자랑스러워요."

　퀵서비스 일은 오토바이를 타고 다니는 일이라서 늘 위험이 도사리고 있다. 그래서 힘들고 두려울 때도 있지만 딸이 보내준 문자만 봐도 힘이 났다.

　"아빠, 너무 무리하지 말아요. 곧 내가 아빠 행복하게 해줄게. 사랑해요, 아빠!"

전직 사장 한기택 씨는 아내와 딸의 응원이 늘 고맙고
미안해 정말 뼈가 으스러져라 일했다. 그래도 남의 사무실
에 들어갈 때는 긴장하게 된다. 혹시 자신을 알아보는 사
람이 있을까 싶어서다. 그럴 때면 얼굴을 어느 정도 감춰
주는 헬멧이 얼마나 고마운지 모른다.

　　추석 대목이 시작되기 전 일요일, 한기택 씨는 고향에
다녀오기로 했다. 추석 연휴에 가면 친척이며 친구들 얼굴
을 피할 수 없으니 일찌감치 내려가 성묘를 하고 올 심산
이었다. 벌써 네 해째 추석이나 설을 피해 성묘하고 왔다.
이른 새벽에 출발한 덕에 다행히 한적한 시간에 여유 있게
아버지와 어머니의 묘에 도착했다. 처음에는 무성하게 자
란 무덤의 풀을 보고 얼마나 송구하고 부끄러웠는지 펑펑
울고 왔다. 이듬해부터는 기차를 타고 가는 형편이라 예초
기는 엄두도 못 내고 배낭에 낫을 넣어 갔다. 그런데 무슨
일인지 묘소가 깨끗하게 벌초되어 있었다. 그런 일이 벌써
3년째 이어졌다. 이번에도 그가 가져간 낫을 쓸 일이 없었
다. 참 해괴한 일이었다. 누구에게 부탁한 적도 없고, 고향
엔 자기 대신 벌초해줄 만한 사람도 없는데 말이다. 혹시
라도 사람들 눈에 뜨일세라 조심스럽게 성묘를 마치고 언
덕을 막 내려올 때였다. 누군가 솔밭 근처에서 서성이는

모습이 언뜻 눈에 뜨였다. 그래서 옆길로 돌아가려는데 그쪽에서도 그가 피하려는 낌새를 눈치챈 모양인지 화급하게 다가오며 소리쳤다.

"기택아, 내다. 철웅이 모르겠나?"

얼굴을 살펴보니 고향에 사는 그의 중학교 친구였다. 도망갈 수도, 그렇다고 반갑게 인사하기도 민망한 순간이었다. 친구는 빠른 걸음으로 다가와 그의 손을 덥석 잡았다.

"아부지한테 인사는 드렸노? 니 올라가는 걸 보고 천천히 올라왔다. 내캉 집에 가서 밥이나 묵자. 마누라가 점심 준비해놨다 아이가. 그리고 니 왔다는 말은 아무한테도 하지 말라꼬 단디 일러뒀으니 걱정 말고 내려가자. 울 마누라가 입 하나는 무겁데이."

알고 보니 지금까지 3년간 내리 자기 대신 벌초를 한 게 바로 그 친구였다.

"아, 애 엄마가 그러더라꼬. 아무래도 니가 추석 보름 전쯤에 성묘하러 온 것 같다꼬. 니가 아부지 산소에 풀이 무성한 거 보고 을매나 쏙이 아팠을까 싶어서 미안터라. 내가 무심해서 어르신 산소 벌초도 안 했다 싶어 브끄러버서."

"일마야, 쓸데없는 소리 집어치라. 아들도 명절에 성묘도 오지 몬 하고 벌초도 몬 하는데, 와 니가 그 일을 몬

했다꼬 미안코 부끄러버할 일이 어데 있노?”

막걸리 한 사발을 넘긴 한기택 씨는 고마움을 애써 감추려 오히려 친구를 타박했다.

“아이다. 느그 아부지가 내게 을매나 잘해주셨노. 울 어매 아프실 때 일부러 찾아오셔서 약 지어놓고 가시면서 비싼 쇠고기 한 근까지 안 끊어주셨나. 내는 어르신 몬 잊는다. 그런데 니 없다꼬 나 몰라라 했다. 바쁘게 산다는 핑계로 말이다. 기택아, 내 참말로 미안타.”

한기택 씨의 아버지는 약사였다. 마음 너그러웠던 그분은 아들 친구 어머니가 아픈데 돈이 없어 약도 제대로 못 쓴다는 말을 듣고, 한걸음에 약을 짓고 정육점에 들러 고기 한 근을 사 들고 가셨던 모양이다. 아버지는 능히 그랬을 분이셨다. 아들이 서울로 유학하여 좋은 대학에 들어갔을 때 동네 사람들이 약사 부친이 쌓은 덕이 자식에게 복으로 발원했다고 제 일처럼 기뻐했던 일이 엊그제처럼 느껴졌다. 남들 선망하는 대기업에 취업해서 잘나갈 때 그는 아버지의 자랑이고 자부심이었다. 아버지가 돌아가셨을 때 장례식에 얼마나 많은 사람이 몰려왔는지 오랫동안 그때 일이 회자되면서 사람들이 아버지를 기렸다는 소식도 들었다. 문제는 바로 그 뒤에 터졌다. 한기택 씨는 자본금 때문에 주저하던, 사업에 대한 꿈을 포기할 수 없었다. 다행히 그가 벌인 사업은 예상보다 잘되었다. 하지만 세상은 그리 만만치 않았다. 잘될 때는 앞이 훤히 트일 듯 보였던 사업인데, 한 번 길이 막히고 나니 돈 들어갈 일만 태산이었다. 결국 아버지가 남긴 재산을 거의 모두 쏟아부었지만 사업에 실패했다. 그는 여기저기서 자식 농사 잘못 지었다고 쑥덕대는 것만 같아 남들 눈을 피해 성묘를 다녔다. 자신의 부모 산소를 벌초하기 전에 미리 친구 아버지 산소를 벌초해준 친구 때문에 기택 씨 눈은 벌겋게 충혈되었다. 그는 눈물을 보이지 않으려 고개를 푹 숙였다.

"기택아, 사는 기 별거 있나. 좋을 때도 있고 궂을 때도 있는 기라. 니 속사정을 어찌 촌에 사는 내가 알겠노. 하지만 잊지 않고 일케 아부지 찾아오는 니가 내는 고맙데이. 남들이 뭐라케 싸도 신경 쓰지 말그라. 남 사정 모르는 것들이 다 글케 입 나불대는 기다. 그리고 사실 아무도 니 신경 안 쓴다. 변명할 것도 없고 니한테만 신경 쓰그래이. 니 잘나갈 때처럼 다시 일어서면 되는 기라. 그때 가믄 말 안 해도 다 고개 숙일끼라."

친구가 그날쯤 올 거라고 짐작한 철웅 씨가 일찌감치

벌초도 해놓고 술상까지 마련했다는 걸 알게 된 기택 씨는 할 말이 없었다. 언제 오마 기별한 것도 아니니 어쩌면 며칠을 그렇게 기다렸는지도 모를 일이다.

"철웅아, 고맙데이. 내가 부끄러버 할 말도 없데이. 하지만 이 우정 죽는 날까지 잊지 않을 끼다. 내년 설에는 내가 와서 벌초도 하고 명절 맞춰 딸내미 데불고 내려오꾸마."

"벌초는 내가 미리 해노꾸마. 걱정하지 마라. 느그 아부지는 내 아부지나 마찬가지 아이가. 내도 어르신께 뒤늦게라도 보답할 수 있게 해도고."

기택 씨는 끝까지 눈물을 감출 수 없었다. 그저 친구의 손을 꼭 잡고 아무 말도 하지 못했다.

한기택 씨는 다시 오토바이를 타고 길을 누비며 퀵서비스 배달로 바쁘다. 그러나 이제는 오토바이를 탈 때만 헬멧을 쓴다. 물건을 건넬 때는 미소를 담뿍 지어 환한 얼굴을 그대로 드러낸다. 그는 접었던 꿈을 다시 펼치기 위해 오늘도 차곡차곡 열심히 길을 달린다.

물에 젖지 않았을 때는 젖을까 두렵지만 일단 젖고 나면 더 이상 두렵지 않다. 사람도, 삶도, 사랑도 그렇다.

죽은 나무에 대한 고마움

더 많이 사랑하는 것 외에

다른 사랑의 치료 약은 없다

'고양이 집사'라는 말이 흔해지더니 이제는 '식물 집사'라는 말까지 생겼다. 예전처럼 마당이라도 있으면 모를까, 나무 한 그루 심을 땅 없는 아파트에 살면서 오히려 식물에 대한 애정과 관심이 커진다. 어느 봄날 베란다 화분의 식물이 꽃봉오리를 내밀었을 때 그 자체가 봄이고 우주의 신비라는 걸 느낀다. 놀랍게도 식물 돌보기에 관심을 쏟으며 식물과 대화를 하는 것만으로도 시간은 천천히 흐르고 정신적 배터리가 충전된다. 식물을 관찰하고 잠시 잎을 만지작거리는 것만으로도 고요한 몰입의 순간을 즐길 수 있다. 정원사이자 환경보호론자이며 케임브리지대학교 케임브리지보존계획 전무이사이기도 한 마이크 몬더는 《실내식물의 문화사》에서 이렇게 말한다.

"삶이 더 복잡해지고 기술이 인간의 문화적, 사업적, 개인적 상호작용을 지배하는 세상에서 광합성 유기체의 작은 화분 하나가 이토록 위안이 된다는 건 신기한 일이다. 이것은 자연에 대한 인간의 선천적 갈망에서 기인한다. 우리는 살아 있는 다른 유기체들로부터 안정감과 영감을 얻는다."

잘 자라던 나무가 아무 까닭 없이(어찌 까닭이 없을까. 내가 그걸 모르는 것일 뿐) 죽어갈 때 그의 안타까움은 이루 말할 수 없었다. 집 마당의 소나무가 죽자, 그는 나무를 캐어버릴 생각부터 했다. 그런데 옆집에 사는 선배가 그걸 없애지 말고 능소화를 곁에 심어보라고 권했다. 처음에는 심드렁했으나 오랫동안 마당을 품어주던 소나무를 베어내는 게 아까워 속는 셈치고 능소화를 심기로 했다.

첫해는 능소화가 워낙 작아서 특별한 변화가 없었다.

그 이듬해부터는 제법 잘 자라더니 죽은 나무를 타고 오른 능소화가 여름에 활짝 꽃을 피웠다. 짙은 오렌지색의 꽃은 화려하면서도 품위가 있어 마당을 순식간에 아름답게 채웠다. 그는 그 꽃을 볼 때마다 죽은 나무를 베지 않고 곁에 능소화를 심은 걸 다행스럽게 여겼다. 마치 나무가 부활한 듯한 느낌이 애틋했다.

소나무는 이미 죽어서 더 이상 생명체로서의 역할을 수행하지 못하지만, 제 죽은 몸을 내주어 능소화가 아름다운 꽃을 활짝 피울 수 있게 했으니 기특했다. 능소화 역시 자신의 아름다움만 뽐내는 게 아니라 제 몸을 내줘 꽃을 피게 해준 죽은 나무와 함께 어우러져 고마움을 표한 것만 같았다.

전설에 따르면 땅을 기어가는 가련한 꽃이었던 능소화가 늠름한 소나무에게 간청했다고 한다.

"나도 먼 곳을 볼 수 있게 도와주세요."

너무나 아름다운 능소화를 보고 홀딱 반한 소나무는 주저하지 않고 그 청을 들어주었다. 그래서 능소화가 나무나 담을 붙잡고 자라게 되었다고 한다.

옛사람들은 능소화를 양반집 마당에만 심을 수 있다 하여 양반꽃이라 부르기도 하고, 금등화金藤花라고 부르기도 했다. 예전에는 궁이나 절에 주로 심었는데 요즘에는 어디서나 흔하게 볼 수 있는 꽃이 되었다. 서양에서는 트 럼펫을 닮은 꽃 모양과 나무나 벽 등을 타고 올라가는 성 질 때문에 트럼펫 크리퍼trumpet creeper라고 부르기도 한다. 꽃말은 '명예', '자랑', '자만'이다. 6월 말에서 8월 말에 피 기 때문에 '능소화가 피면 장마가 진다'라는 말도 있다.

2010년 서울성모병원 본관 로비에서 뜻깊은 작은 음 악회가 열렸다. 이 병원에서 인턴으로 근무하던 중 불의의 교통사고로 스물다섯 살이라는 젊은 나이에 요절한 의사 음태인 씨를 기리는 음악회였다. 2003년 뇌사자의 간을 이식받은 이에스더 씨가 사회를 맡았고, 2010년 간 이식 을 받은 조영철 씨가 피아노 연주를, 2006년 간 이식을 받 은 오명근 씨가 색소폰을 연주했다. 그리고 2010년에 간 을 이식받은 권재근 씨의 기타 연주가 이어졌다. 두 명의 의사가 의사 음태인을 기리는 말로 추모하고 2008년 간 이식을 받은 박성우 씨의 색소폰과 조영철 씨의 피아노 연 주가 이어진 소박한 로비 음악회였다. 음태인 씨의 장기 기증은 당시 이식의 불모지에 싹은 틔울 수 있게 한 마중 물이었다며 의료진은 힘든 결정을 내려준 고인의 가족에게 심심한 감사를 표했다.

외아들이 뇌사 상태에 빠지자 소아과 의사였던 부친은 평소 아들의 장기 기증 의지를 받아들여 뇌사 장기 기증을 결심했다. 덕분에 그의 간, 신장, 각막 등이 다섯 명의 장기부전 환자에게 새로운 생명을 줄 수 있었다. 특히 간은 심한 간경화를 앓던 환자에게 이식되어 성공적으로 생명을 유지할 수 있게 해주었다. 당시 간 이식을 집도한 가톨릭대학교 강남성모병원 장기이식센터 간 이식팀 김동구 교수는 여전히 그때의 일을 생생하게 기억하며 "뇌사 판정 절차와 스무 시간 넘게 걸린 간 이식 수술 후 빠르게 회복되어가는 환자의 모습이 한 편의 드라마와 같았다"라고 회고했다.

당시 장기를 떼내는 수술을 담당한 의사는 고인 아버지의 대학 동기이자 고인의 스승이었다. 제자이면서 친구 아들인 고인의 주검 앞에서 그가 할 수 있었던 유일한 말은 "미안하다"였다고 한다. 그러나 아버지는 의연했다.

"죽은 사람은 죽지만 산 사람이 살 수 있도록 수술을 잘 해주게. 부탁하네."

그 수술에는 고인의 동기, 선후배 의사들이 참관했다. 수술을 마치고 입관하는 아들의 모습을 본 부모님이 끝내 슬픔을 참지 못하고 무너져 내리며 통곡하자 모두가 함께 엉엉 울었다고 한다.

　이제 그 외아들은 세상에 없다. 그러나 고맙게도 아들의 친구들이 기일과 부부의 생일 때마다 번갈아 찾아와 슬픔을 달래준다. 어쩌면 아들은 가고 성공한 의사가 된 친구들의 모습을 보면서 고인의 부모는 더 가슴이 아프고 그리움이 사무칠지도 모를 일이다. 그래도 아들 덕택에 죽음만을 기다리던, 혹은 평생 불구의 몸으로 살아가야 한다고 절망하고 체념했던 다섯 명의 환자가 건강을 회복했으니, 아들은 여전히 이 땅에 살아 있는 것이다.

　장기를 이식받아 죽음의 고비를 넘긴 이들이 모여 자신들에게 새 생명을 주고 떠난 젊은 의사를 추모하기 위해 연 작은 음악회는, 그는 죽었지만 그의 정신은 더 생생하게 살아 있음을 상징적으로 보여주는 감동적인 행사였다. 그날 전시된 그의 영정은 언제나 변함없이 유쾌하게 웃는 얼굴이었다.

　어머니는 준수했던 아들의 사진을 쓰다듬으며 말했다.

　"아들은 앞차로, 우리는 뒤차로 가는 것뿐인걸요."

　하지만 그 앞차는 떠나고 사라진 차가 아니라, 오랫동안 다섯 갈래 길로 씽씽 달리는 차임을 그곳에 모인 모든 사람들은 잘 알고 있었다. 젊은 의사 음태인의 나무는 다섯 송이의 아름다운 능소화로 부활한 것이다. 그 능소화는 생명의 부활을 알리는, 영어 이름 그대로 '사랑의 트럼펫'이다.

누구나 죽음은 두렵다. 그리고 어느 누구도 피할 수 없다. 고대 로마에서는 원정에서 승리를 거두고 당당하게 개선하는 장군이 시가행진을 할 때 노예를 시켜 행렬 뒤에서 큰 소리로 "Memento mori(너의 죽음을 기억하라)!"를 외치게 했다고 한다. '전쟁에서 승리했다고 너무 우쭐대지 말라. 오늘은 개선장군이지만, 너도 언젠가는 죽는다. 그러니 겸손하게 행동하라'는 의미였다. 그러나 우리는 때론 "그의 죽음을 기억하라"라고 외쳐야 한다. 특히 그 죽음이 다른 이의 생명을 살린 것일 때, 그 숭고한 뜻은 영원하다.

우리는 누구나 죽는다는 걸 알면서도 그것이 당장은 내 일이 아니기를 은근히 바라거나 외면하며 산다. 그러나 언제 어떻게 삶의 마지막 순간이 올지는 아무도 모른다. 누군가에게 내 생명을 나눠주고 떠날 수 있는 건, 삶에 대한 마지막 진지한 예의이며 죽음에 대한 겸손한 인사일 것이다. 나는 죽어서 말라비틀어진 나무가 된다 해도 그 나무를 타고 능소화가 여름마다 아름다운 꽃을 피울 수 있다면 얼마나 멋진 일인가.

언제부터인가 능소화가 활짝 필 때마다 나는 그 꽃나무를 굳게 올려주는 '그 어떤 죽은 나무'에 대한 고마움을 느낀다. 꽃으로 피는 것도 좋지만 다른 꽃을 필 수 있게 떠받쳐줄 수 있어도 좋을 일이다.

죽음은 누구에게나 두렵다.
때론 삶 저편의 세상이 궁금하기도 하다.
사후의 보장에 대한 욕망도 자연스럽다.
그러나 삶을 제대로 사는 게 먼저다.
누구에게나 찾아올 죽음이지만
참된 삶은 오히려 죽음을 뛰어넘는다.

마음은
셈보다 앞서고
옳은 행동은
망설이지 않는다

제 2 부

넘치는 욕망 가운데 한둘만 덜어내도

함께 행복할 수 있다.

그건 가난해지는 게 아니라 마음이 부자가 되는 일이다.

평생 세 사람만 도울 수 있어도 행복한 일

사랑의 첫 번째 의무는

상대에게 귀 기울이는 것이다

한국인의 평균 기대수명이 83.6세라는 통계 자료가 있다. 1945년에는 평균 기대수명이 45세 정도였으니 엄청난 수명의 연장이다. 불과 수십 년 전만 해도 인간의 수명은 그리 길지 않았다. 인간의 먼 조상에 해당하는 오스트랄로피테쿠스의 평균수명은 고작 스무 살 남짓이었다고 한다. 이쯤에서 한 가지 의문이 든다. 부모가 스무 살 무렵에 죽게 되면 불과 대여섯 살인 자식들만 남게 되었을 터인데 그 아이들은 어찌 살 수 있었을까? 답은 공동체의 돌봄에 있었다. 대개는 형제자매를 비롯한 남은 가족이 어린 아이들을 돌봤겠지만, 놀랍게도 많은 경우 다른 부모들이 함께 그들을 돌봤다고 한다. 인간의 이성은 추론하는 힘이 있다. 만약 내가 죽어서 내 아이들이 그러한 처지가 되면 어찌 될까를 미루어 생각함에 따라 동병상련의 마음으로 죽은 이의 아이들을 거뒀을 것이다.

사람의 본성은 이기적이어서 자신에게 유리한 쪽을 따르는 게 당연하다. 그럼에도 그런 본성을 때로는 기꺼이 거부하고 이처럼 이타적인 선택을 하는 경우도 꽤 있다. 어떻게 그런 일이 가능할까?

뇌 과학자들에 따르면 인간의 뇌에서는 공감 뉴런이 진화했다고 한다. 예를 들어, 경쟁에서 이기거나 평소에 갖고 싶던 걸 손에 넣었을 때 느끼는 행복은 짜릿하지만 잠깐뿐이다. 이때의 행복은 오래 지속되지도 않고 비슷한 걸 다시 경험해도 이전의 행복에 미치지 못한다. 그러나 다른 이를 도와줬을 때 느끼는 행복은 그 강도가 강렬하지는 않지만 매우 오래 간다. 그래서 우리의 뇌는 보다 오래 지속되는 행복을 선택하게 되고 그런 방향으로 진화한다는 것이다. 곰곰 생각해보니 그런 주장이 꽤 설득력 있게 여겨진다. 그래서 어떤 이는 세상에서 가장 아름다운 중독이 바로 '자선의 중독'이라고 하는 모양이다.

여러 해 전 대학에 있을 때 가정 형편이 어려운 학생 셋을 도운 적이 있다. 당시 내 형편도 어려운 상황이어서 사실 엄두를 낼 일은 아니었다. 내 사정을 잘 아는 가까운 친구 몇몇은 분수에 넘치는 일은 과욕이라고 타박했다. 나도 그걸 모르는 바는 아니었다. 내 코가 석 자이고 도움을 주기는커녕 내가 도움을 받아야 할 형편이었기에 그것이 도를 넘는 일임을 모르는 바 아니었다. 당시 인간학교육원의 교수 신부님들은 월급의 일부를 모아 바오로장학금을 마련해 고학하는 학생들을 지원하고 계셨다. 그러나 그 혜택을 받지 못하거나 가톨릭 신자가 아니면 자격이 없는 줄로만 알고 아예 신청조차 하지 않는 학생들이 적지 않았다. 사정을 모르고 지나친다면 모를까, 힘겹게 살아가는 학생들의 형편을 알고 나면, 그게 자꾸 눈에 밟히고 마음에 얹혔다. 그런 학생들을 도울 방법을 찾고자 모색하다 보니 학비 지원을 시작하게 되었다.

나는 대학에 다닐 때 베네딕도수도원의 한 수사님으로부터 많은 도움을 받았다. 수사님은 서울에 오실 때마다 책 사라고 금일봉을 주셨고 2학년 때는 한 학기 등록금을 내주셨다. 극구 사양해도 주변에 있는 분들이 그렇게 쓰라고 당신께 맡긴 돈이라며 내 주머니에 봉투를 쑥 넣으시며 어깨를 도닥여주셨다. 나는 그 몫을 해야 할 때를 기다렸다. 그러다 그 학생을 만났다. 휴학을 해야 하겠다며 인사하러 온 학생에게 내가 해줄 수 있는 게 없었다. 뭔가 도와줄 수 있는 방법을 찾고 싶었다. 난들 뾰족한 수가 있는 건 아니었다. 그런데 대기업 규모에는 미치지 못하지만 제법 튼실한 중견 기업을 운영하던 친구 하나가 내 말을 듣고 흔쾌히 학생 한 사람의 등록금을 주겠단다. 자신도 두세 번 운 좋게 장학금을 받아 대학을 졸업할 수 있었다며 이제는 갚을 때가 되었다면서. 또 다른 한 친구는 전액 지원은 어렵지만 1/5만이라도 보태겠다며 미안한 표정으로 지원을 약속했다. 나는 그가 '미안해하는' 그 표정을 잊을 수가 없다. 기업 사장인 친구보다 돈을 덜 낸 게 미안한 표정은 아니었다. 나중에 그 까닭을 물으니 씩 웃으며 이렇게 말했다.

"한 번도 그런 생각을 해본 적이 없었다는 게 부끄러웠어. 작년에 내 아이 마지막 등록금 내고 나서 이젠 홀가분하다고만 생각했는데, 그 녀석이 한 학기 더 학교를 다닌다고 생각하면 되는 거 아니냐. 다만 경제적으로 넉넉하지 못해 1/5만 내겠다고 한 게 부끄러웠을 뿐이야. 나중에 형편 나아지면 절반은 도울게."

굿 베거good beggar의 역할은 결코 쉬운 일이 아니었다. 남에게 싫은 소리 하는 게 얼마나 곤혹스러운지, 부탁해야 하는 입장이 얼마나 어색하고 부끄러운지 재확인하는 일이었다. 그래도 고맙게도 주변에서 십시일반으로 힘을 모아준 덕분에 한 학생에게는 전액을, 다른 한 학생에게는 절반의 학비를 지원해줄 수 있었다. 마음 같아서는 아르바이트하느라 공부할 시간을 빼앗기지 않도록 생활비도 지원해주고 싶었지만, 현실적으로 가능한 범위는 거기까지였다.

학비 지원은 마냥 무상으로 이루어진 것은 아니었다. 우리는 학생들을 지원해주며 조건을 마련하기로 했다. 조건은 두 가지였다. 누가 준 등록금인지 알려고 하지 말 것. 그리고 앞으로 살아가면서 형편이 나아져 여윳돈을 마련할 수 있게 되면 같은 방식으로 딱 '세 사람'만 도우라는 것. 그러니까 따지자면 이자가 원금 포함 3배나 되는 '고리대금업'이었던 셈이다.

사실 이것은 지금은 돌아가신 서강대학교의 어떤 교수 신부님이 주신 가르침이었다. 당신도 그렇게 도움을 받고 공부할 수 있었다며, 평생 세 사람만 도울 수 있어도 행복한 일이라고 가르치셨다. 그분은 돌아가실 때까지 변변한 구두 한 켤레 제대로 신어본 적이 없었다. 누군가 구두 상품권을 드리면 당신 신발이 해졌는데도 새 신발을 사지 않고, 가난한 학생을 찾아 상품권을 건네셨다. 그분께 드리는 선물들 대부분이 그렇게 '임시 보관' 상태로 며칠 그분 품에 머물렀다가 당신이 찾아낸 학생에게 전달되는 걸 알았던 우리는 신부님 연구실을 간이역이라 부르곤 했다. 신부님이 대학에서 은퇴하신 뒤 어느 날, 나는 신부님과 함께 치악산에 올랐다가 갑작스러운 작달비를 맞고 어느 촌가에서 하룻밤 묵게 되었다. 그때 우연히도 당신의 속옷을 보게 되었는데, 해지고 꿰맨 자국이 얼마나 나를 민망하게 했는지 모른다. 나중에 속옷을 몇 벌 사서 드리며 제발 누구에게도 주지 말라고 신신당부를 드려야 했다. 그런 신부님이 입버릇처럼 당부했던 것을 늦게나마 따를 수 있어서 다행이었다.

　　"앞으로 평생 세 사람의 가난한 대학생들을 도와주게. 그들이 또 다른 세 사람을 도울 수 있고, 그렇게 계속이어진다면 세상이 조금은 따뜻해지지 않겠나?"

다만 부끄럽게도 나 혼자의 힘으로 감당하지는 못하고 주변의 여러 친구의 도움으로 어찌어찌 세 학생을 도울 수 있었다. 신부님이 우리 곁을 떠나신 뒤 스무 해쯤 지나서야 가까스로 신부님의 당부를 이행했으니 그분께 면목이 없는 노릇이었다. 하지만 힘든 학생들에게 조금이나마 도움을 줄 수 있었다는 것 하나만으로도 마냥 좋았다. 그 과정에서 많은 도움을 준 주변 친구들에게 고마웠고, 끝까지 포기하지 않고 졸업해준 학생들이 대견했다. 그저 그뿐이었다. 이미 양쪽 모두로부터 얻은 행복만으로도 분에 넘치는 고마움이었다.

내가 대학을 떠나기 두 해 전쯤, 전화 한 통을 받았다. 몇 년 전 내 수업을 들었던 학생이었다.

"선생님, 이제야 겨우 첫 번째 상환을 마쳤습니다."

밑도 끝도 없는 말에 처음에는 영문을 몰랐다. 그러나 이내 그가 절반의 등록금을 지원받은 학생이라는 걸 기억해냈다. 1학년을 마치고 학비가 없어서 군대에 갔다 돌아와 나름대로 열심히 공부하는데 현실이 매워 자꾸만 휴학을 하던 학생이었다. 어떤 학기에는 보였다가 다음 학기에는 보이지 않아서 다른 학생들에게 안부를 물었더니 학비를 버느라 휴학할 수밖에 없는 것 같다고, 도대체 언제 졸업할지, 졸업은 할 수 있을지 모르겠다는 대답이 돌아왔다. 사정이 안타까워 무턱대고 당시 외국계 대기업 CEO로 잘나가던 선배를 졸라 딱 1년만 도와달라고 부탁했다. 고맙게도 그 선배가 두말없이 승낙하여 그 학생은 무사히 졸업할 수 있었다. 물론 그에게도 나중에 자신과 같은 후배를 찾아 도와주라고 당부하며 누가 돈을 지원했는지는 알려고 하지 말라는 당부를 건넸다.

그러면서도 어차피 당장은 제 앞가림도 버거울 테니 적어도 10년은 지나야 그 조건을 조금씩 이행할 거라 여겼다. 아니, 솔직히 말하자면 평생 잊지 않고 단 한 번, 받은 도움의 절반만큼만 다른 이에게 되돌려줘도 충분히 고마운 일이라 생각했다. 아무리 취직해서 돈을 번다고 해도 학자금 융자 받은 것도 갚아야 하고, 이리저리 돈 쓸 일이 줄 서 있을 게 빤히 보였다. 그런데 그는 졸업 후 매달 꼬박꼬박 몇 십만 원씩 모았던 모양이다. 자신의 삶도 넉넉지 않아서 그냥 시간이 흘러가는 대로 두었다가는 도저히 돈을 모을 수 없거나, 어느 정도 모으더라도 중간에 급전이 필요하면 써버릴 것 같아 아예 기간과 금액을 정해 적금을 들었단다. 그리고 만기를 채워 그간 모은 돈을 찾는 날, 대학 후배를 물색하여 가난해서 학교 다니기 어려운 학생을 찾아달라고 부탁하여 그에게 한 학기 등록금을 마련해줄 수 있었단다. 그 말을 듣는 순간 눈물이 핑 돌았다. 예상보다 훨씬 빠른 '조기 상환'에 놀랐다고 하자 그는 담담하게 말했다.

"결혼하고 아이도 갖게 되면 영영 못 갚을 것 같았습니다. 나도 먹고살기 바쁘다는 핑계로 미루며 다음에 여유 생기면 그때 하면 되지, 하며 자기합리화에 빠질 게 눈에 훤히 보여서요. 아직 홀몸일 때 일단 첫 단추라도 꿰어둬야 할 것 같았습니다."

청출어람이요 후생가외後生可畏라더니, 스승보다 훨씬 나은 제자였다. 나는 신부님의 당부를 한참 뒤에, 그것도 나의 전적인 힘이 아니라 여기저기 도움을 받아 겨우 실행했을 뿐인 데다 이후로 딱 두 번 더 굿 베거의 역할을 맡았을 뿐 세 번을 채우지 못하고 있었는데, 이 친구는 차근차근 계획을 세워 예상을 깨고 약속을 지켰으니 제자 보기에 부끄럽기만 했다. 졸업한 지 5년 만에 벌써 첫 번째 상환을 마쳤다니 대견할 뿐이었다.

"앞으로 두 번 더 상환한 뒤에도 계속해도 되겠지요?"

그저 듣기 좋으라고 하는 농담은 아닌 듯 들렸다. 자

기가 그런 일을 할 수 있어서 얼마나 행복한지 모르겠다는 말을 들었을 때, 온몸에 소름이 돋을 만큼 기뻤다. 돌아가신 수사님과 신부님도 '참 잘했네' 하며 어깨를 두드려주실 것 같았다.

탐심을 버리고 누군가에게 힘을 채워줄 수 있다면 아름다운 일이다. 오직 재화를 늘리는 일에만 관심과 능력을 쏟아붓는 건 부끄러운 일이다. 그렇게 해서 얻은 행복은 싸구려 행복이다.

어느 시골 마을의 반값 식당

무엇을 소홀히 해야 할지

아는 것이 곧 지혜다

우리나라는 번화가뿐 아니라 동네 골목에도 식당이
꽤 많다. 잘되는 곳은 어지간한 중소기업보다 낫다는 말도
듣지만 대부분은 영세한 식당이고 몇 사람만 들어가도 자
리가 꽉 차는 작은 식당들도 많다. 경제 상황이 나빠지면
서 직장을 그만둔 사람들이 식당을 개업하는 경우가 많기
때문에 그렇다고도 한다. 1997년 외환위기(IMF 구제금융

사태) 이후 사회구조적 모순은 그대로인 상태에서 경제적 양극화가 가속되면서 자영업자가 급증했다. 다른 직종보다 비교적 쉽게(?) 접근할 수 있고 상대적으로 위험이 낮다고 여기다 보니 식당을 여는 이들이 많다. 그러나 요식업의 폐업률은 꽤 높다. 1년도 버티지 못하고 문을 닫는 식당이 상당수다.

사실 요즘은 식당에 가는 것도 겁난다. 해마다, 아니 심지어 한 해에도 몇 차례씩 오르는 음식값이 만만치 않아 부담스럽다. 영업이 좀 된다 싶은 식당은 최소한 1년에 한 번은 값을 올린다. 물론 식당 사장님들도 어쩔 수 없는 사정이 있겠지만 지갑 홀쭉한 서민들로서는 해마다 철마다 올라가는 식비가 여간 부담스럽지 않다. 잘되는 식당은 값을 올려도 손님들이 찾아올 것이라 믿어서 그런지 미안해하는 기색도 별로 없다. 그게 더 야속하게 느껴질 때도 많다.

그에 비해 학교 주변의 식당은 좀처럼 가격이 바뀌지 않는다. 물론 그렇다고 전혀 안 올리는 건 아니지만 인상 주기가 다른 식당들에 비해 훨씬 더 길고 인상 폭도 상대적으로 낮다. 돈을 벌지 못하는 학생들을 상대로 하는 식당이다 보니, 조금만 밥값이 올라도 화들짝 놀라 발길을 뚝 끊기 때문에 여간해서는 값을 올리지 못한다. 사실 학교 근처 식당은 번화가 식당보다 음식값이 훨씬 싸다. 그런데도 갈수록 하늘 높을 줄 모르고 치솟기만 하는 등록금과 끝 모를 취업 걱정에 학생들의 처지는 날로 위축되는 실정이다. 그러다 보니 먹는 비용이나마 아끼기 위해 식당을 찾는 대신 편의점에서 컵라면이나 김밥 한 줄로 끼니를 때우는 학생들도 많아졌다. 질보다 양을 따지며 조금이라도 배불리 먹는 일에 관심이 많을 수밖에 없다.

한창 젊은 나이에는 식탁에서 일어나자마자 배가 고프다. 그럴 때 공깃밥 하나 추가해서 먹으면 한결 속이 든든하겠지만 1,000원의 추가 비용도 학생들에겐 부담스러울 때가 많다. 학생들이 이런 부담에서 벗어날 수 있는 공간을 나는 한 곳 안다. 학교 앞 작은 골목 어귀에 있는 한 식당에 가면 학생들이 마음껏 배불리 먹을 수 있다. 식당 한쪽 벽에 커다랗게 써 붙여놓은 글귀가 학생들을 행복하게 해준다.

'공깃밥 무한 리필됩니다. 마음껏 먹고 열심히 공부하세요.'

어쩌다 가끔 그 식당을 갈 때마다 아주 오래전 지리산 등반길에 잠시 들렀던 옛 구례구역 앞의 한 작은 식당이 떠올랐다.

밤차(그때는 고속열차도 없고 기차도 느린 편이어서 야간 열차가 있었다)에 시달린 몸이 찌뿌드드해서 기차에서 내리자마자 허기도 해결하고 몸도 녹일 수 있는 국밥집으로 달려갔다. 그 식당의 메뉴는 딱 한 가지, 국밥뿐이었다. 이른 아침인데도 넓지 않은 식당에는 사람들이 꽤 많아 음식 맛이 괜찮겠거니 짐작하긴 했다. 그런데 이게 웬걸, 국밥 맛이 정말 입에 척척 감기고 국물은 속을 시원하게 해주는 별미였다. 고기도 듬뿍 얹은 국밥은 양도 푸짐해서 한 그릇을 나눠 두 끼도 거뜬히 해결할 수 있을 정도였다. 전라도 음식점답게 다양한 밑반찬까지 곁들인 행복한 식사였다. 헤아려보니 반찬만 해도 무려 열 가지가 넘었다. 어느 반찬 그릇이 비어 보인다 싶으면 금세 채워주는 눈치도 놀라웠다. 더 감탄했던 건 종업원이 없는 식당이라 주인아주머니가 혼자 주방에서 음식을 만들다가 홀을 쑥 훑어보고는 나와서 채워줬다는 점이다. 한꺼번에 서너 사람 몫은 거뜬히, 그것도 민첩하고도 표 나지 않게 해내며 일하는 모습이 경이롭기까지 했다.

맛있게 먹고 나서 값을 치르려는데 주인아주머니가 내게 학생이냐고 물었다. 그 물음이 의아했다. '뭘 알고 싶은 게 있으신가? 설마 음식값을 깎아주려는 건 아닐 텐데.'

극장이나 고궁이라면 모를까, 식당에서 학생이라고 식비를 할인해주는 일은 없으니 당연한 생각이었다. 게다가 초등학생도 아니고 몸집은 이미 다 큰 어른인 대학생에게 그런 일은 더더욱 있을 수 없는 일이 아닌가. 나는 영문을 몰라 뜨뜻미지근하게 그렇다고 대답했다. 그런데 예순은 진작 넘겼을 것으로 짐작되는 주인아주머니가 국밥값을 반만 내라는 게 아닌가!

"주머니가 넉넉허지 않아도 젊은 학상들이 잘 묵고 잘 커야 이 나라가 잘되니께, 반값만 받는 거여. 공부 열심히 혀서 좋은 시상(세상) 만드시게. 그게 나머지 밥값이여."

살림살이가 넉넉해 보이는 식당도 아니었다. 애당초 종업원 하나 쓰지 않을 정도라면 족히 짐작할 수 있는 일이다. 서울에서라면 그 값의 두 배를 내라 해도 결코 무리가 아닐 만큼의 풍족한 식사였으니 더더욱 이해할 수 없었다. 그저 후덕한 시골 인심이라고 말하기에는 뭔가 석연찮은(?) 점이 있었다. 게다가 젊은 학생들이 잘 먹고 잘 커야 나라가 잘된다는 말은, 도덕 교과서에나 나올 법한 빤한 상투어 같기만 해서 더 의아하고 도무지 속셈을 알 길이 없었다.

곧 사정을 알게 되었다. 한 해 전 광주에서 수많은 젊은이들이 정의와 민주주의를 위해 싸우다 죽거나 다친 이후, 식당 주인아주머니는 젊은이들에게는 음식값의 절반만 받는다는 것을.

그 작은 국밥 한 그릇에 가슴이 뭉클해진 건 그 아주머니의 따뜻하고 소박한, 그러나 속 깊고 감동적인 마음 때문이었다. 당신 자식이 광주에서 다쳤거나 옥살이를 하는 것도 아닌데, 당신 말마따나 그저 가난하게 시골의 작은 식당에서 밥장사를 할 뿐인데, 어떻게 그런 마음을 먹었을까.

당시 나는 광주에서 일어난 일을 직접 보거나 겪지는 않았지만, 사람들에게 전해 들은 이야기는 충격적이었다. 안 그래도 그 이전부터 알게 모르게 이런저런 지역감정으로 상처받고 차별을 경험했기에 그 주인아주머니는 도저히 상상할 수 없는 그 만행에 치를 떨며 며칠을 눈물로 지새웠다고 한다. 그러면서 자신이 할 수 있는 일이 없는 게 원망스럽기 그지없었다고 했다. 어떻게 수많은 국민들이 자기 나라 군대에게 학살당할 수 있느냐고 분노하면서 그게 다 힘이 없어서 당한 꼴이라고 한탄했단다. 그 뒤 자신의 식당에서는 청소년이나 청년에게는 밥값을 반만 받기로 결심했단다. 불순한 정치군인들이 정권을 찬탈하려고

정의와 민주주의를 외친 청년과 시민을 폭도로 몰아 학살한 것에 맞서기 위해서는 젊은이들이 힘을 길러야 하므로 자신은 그들을 위해 밥이라도 넉넉히 먹이고 싶었을 뿐이란다. 거기에 조금이라도 도움이 된다면 기꺼이 청년들에게는 밥 팔아 이문 남기지 않겠다는 게 자신의 장사 철학이라는 말에 나는 뭐라 대답해야 할지 몰랐고 목이 메었다.

"제게 이러실 필요는 없어요. 제값 다 받으세요."

나 역시 주머니 사정이 넉넉한 형편은 아닌 가난한 학생이었지만 그분의 마음에 그렇게라도 대해야 할 듯싶었다. 그저 아주머니의 마음을 안 것만으로도 가슴 시리게 행복하고 고마웠다. 그러나 그분은 끝내 내 제안을 받아들이지 않았고 그저 아들 배웅하듯 등을 두드려주시면 말했다.

"아녀. 나가 학상들에게 반값만 받아도 사니께 걱정 마소. 우리네야 그저 먹고사는 일만 알제…… 학상들이 할 일이 많소."

그로부터 10년쯤 지나 지리산 가는 길에 일부러 그 식당을 찾아갔지만 더 이상 그곳에서 영업하고 있지 않았다. 그 주인아주머니의 바람이 조금은 이루어졌는지, 그 식당에서 밥값을 반만 내던 젊은이들이 세상을 조금은 바르게 바꿔놓은 걸 보고 흡족해하셨는지, 끝내 묻지도 못하고 발걸음을 돌려야 했다.

　학교 근처 골목 작은 식당의 주인을 볼 때마다 구례구역 앞의 그 국밥집 아주머니가 떠올랐다. 손해를 감수하며 장사하는 이는 없다. 학교 앞 작은 식당은 작은 이익으로 겨우 한 가족의 삶을 꾸려갈 것이다. 어쩌면 이리저리 변통해서 작은 가게를 얻은 비용 뒷감당도 버거운 형편인지도 모른다. 그런데도 가난한 젊은이들에게 눈치 보지 말고 마음껏 먹으라고 베푸는 그 식당 주인은 참 미련퉁이가 아닐 수 없다. 이쯤 되면 쌀값이 싸니 비싸니 하는 문제가 이미 아닌 것이다. 그런 마음으로 후미진 곳의 작은 식당을 꾸려가는 게 안쓰럽기까지 하다. 그렇게 해서 남는 게 있느냐고 물으면 주인아저씨는 웃으며 동문서답한다.

　"작년에 단골이었던 학생이 취직했다며 쌀 20킬로그램을 짊어지고 왔었답니다."

　짐작건대 그 식당에서 밥을 먹은 수많은 학생 중 딱 그 한 명이 그랬을 것이다. 지나고 나면 그리고 뒤돌아서면 자신이 받은 도움을 쉽게 잊는 세상이다. 큰 빚을 진 것도 아닌데 굳이 일부러 찾아와 쌀을 선물한 학생이 또 있을까 싶다. 그런데도 주인아저씨는 그게 못내 고맙고 기특해서 감격하는 눈치였다.

하지만 앞으로 또 그런 학생이 있을지도 모른다. 눈치 보지 말고 양껏 먹으라는 가난한 식당 주인아저씨 같은 이들과 졸업하고 나서 취직했다며 쌀 포대 짊어지고 찾아오는 청년 같은 사람들이 있어서, 탐욕과 야만이 휩쓰는 세상이 조금은 누그러지는 건지도 모른다. 어쩌면 그런 사랑이 커다란 오욕과 우매를 걷어내는 기적을 만들어내는 것만 같다.

그 뒤로 두 해를 보낸 어느 봄날, 학교 앞 작은 식당은 아쉽게도 문을 닫았다. 이익이 나지 않아서인지 다른 사정이 있어서인지는 알 수 없었지만 나름대로 까닭이 있었을 것이다. 문 닫힌 식당을 보며 섭섭하기도 하고 미안하기도 했다. 그러다가 갑자기 가슴 한편에 불안이 엄습했다. 그 식당이 문 닫은 걸 모르고 쌀 포대를 들고 또 다른 졸업생이 찾아오면 어쩌나 하는 행복한 고민 때문에 말이다.

사람들은 모두 남의 어려움을 보면
차마 못 본 척하지 못하는 어진 마음이 있다.
넘치는 욕망 가운데 한둘만 덜어내도
함께 행복할 수 있다.
그건 가난해지는 게 아니라
마음이 부자가 되는 일이다.

마음으로 먹는 사과

덕이 없는 아름다움은
향기 없는 꽃이다

    가을이면 다양한 과일이 한 해 동안 맺은 제 결실을 뽐내지만 이 계절의 과일로 사과를 따라올 만한 건 없지 싶다. 탐스러운 빨간 사과야말로 가을의 상징과도 같다. 예전 우리네 살림살이가 넉넉하지 못했던 시절에도 퇴근하는 아버지가 봉지에 담아오던 그 사과 맛은 앨범 속 빛바랜 사진처럼 애틋한 기억으로 남아 있다.

그랬던 사과가 때늦은 폭우로 속절없이 땅바닥으로 떨어지고 말았다. 공급이 부족하면 자연히 값이 오르는 법. 서민들이 즐겨 먹는 대표적 과일인 사과가 오랜만에 높은 가격표를 앞에 두르고 뻐기는 자리를 차지했다. 예년에 비해 두 배가량 훌쩍 오른 사과값에 지갑을 열 엄두가 쉬이 나지 않았다. 추석 차례상에 올리는 사과야 어쩔 수 없이 비싼 값에도 울며 겨자 먹기로 살 수밖에 없었지만.

"아빠, 웬 사과예요?"

막내딸은 퇴근한 아빠보다 늘 아빠의 손에 들린 걸 먼저 확인하는 버릇이 있다. 늦둥이 딸이 눈에 밟혀 퇴근할 때마다 뭔가 먹을 걸 사 오는 아빠가 만들어낸 습관인 셈이다. 찬바람이 솔솔 불기 시작하면 붕어빵이나 호빵이라도 사오는 아빠를 기다리는 것이 막내딸에겐 꽤 큰 즐거움이었다. 그런데 그날 아빠가 양손에 묵직하게 들고 온 건 바로 사과였다.

"우리 딸들 미용을 위해서 사과만 한 게 또 있나?"

말은 그렇게 하지만 사실 사과를 가장 좋아하는 건 바로 아빠 자신이었다. 아빠는 어렸을 때 과수원 근처에 살아서 가끔은 사과 서리도 하고, 수확기에는 어린 손이지만 일손을 도와드리고는 품삯으로 사과를 한 보따리씩 얻어

오곤 했다고 한다. 그 이야기를 마치 무용담처럼 풀어놓을 때마다 딸들은 반신반의하면서도 그 이야기를 통해 아빠의 어린 시절을 엿보는 듯해서 신기하기도 했다. 작은딸은 이제 한 번만 더 하면 백만 번 듣는 거라고 통박하며 놀리기도 했지만 사과에 얽힌 이야기보따리는 아무리 들어도 지루하진 않았다.

"어? 근데 이 사과들 다 썩었잖아. 아빠, 왜 이런 못난이 사과를 산 거예요?

봉지를 뒤지다 따지듯 묻는 막내딸의 외침에 온 가족이 우르르 몰려들었다.

"어머, 이건 반쯤 썩었잖아. 당신은 이걸 사과라고 산 거예요? 혹시 싼 맛에 샀거나 아니면 얻어온 거 아녜요?"

아내까지 반쯤은 힐난하는 투로 몰아댔다. 그도 그럴 것이 남편은 결코 허튼 돈을 쓰는 사람이 아닐뿐더러 절약이 몸에 배다 못해 가끔은 자린고비라는 말까지 듣는 사람이라 능히 그러고도 남을 노릇이었다. 그런 남편이 야속할 때가 한두 번이 아니었던 터라 아내는 타박하긴 했으나 뾰족한 말투는 아니었다.

"그래도 아빠가 그런 사과를 사 오신 이유가 분명 있을 거야. 그렇죠, 아빠?"

중학교 다니는 큰딸은 그래도 아빠가 궁지에 몰릴 때마나 언제나 든든한 응원군 노릇을 자처했다. 그런 딸이 기특해 어깨를 톡톡 치며 아빠는 빙긋이 웃었다. 그런데 그 웃음에는 이상하게 옅은 그늘이 드리워져 있었다.

"퇴근길에 보니 갓길에 사과 파는 트럭이 있더라. 가끔 들르던 트럭이라 습관처럼 차를 세웠지. 그런데 짐칸에 반쯤은 이런 사과들만 쌓여 있더라고. 물론 헐값에 팔더라. 사람들이 그 사과는 거의 사지 않았는지 그대로 쌓인 채로. 그래서 물어봤더니 사람들이 거들떠보지도 않는대."

요즘 도시 사람들이 깨지고 터진 사과를 살 리 만무했나 보다. 어디에나 탐스럽고 예쁜 사과들이 널렸으니 그런 못난이 사과에는 눈길도 주지 않았을 법했다.

"주인에게 물었더니 자기 형님이 과수원을 해서 그 사과를 파는 건데, 올해는 떨어진 것도 많고 상한 것들도 많았대. 그래서 싼값에라도 처분하려고 가져왔는데 사람들이 눈길도 주지 않으니 곤혹스럽다는 거야. 과수원에서 한 해 열심히 키웠지만 자연이 그 열성을 따라주지 않을 때도 있잖니. 올해처럼. 그걸 재배한 사람 입장에서는 버릴 수도 없고 그렇다고 팔기는 어렵고."

아빠는 어릴 적 과수원에서 바닥에 떨어진 사과를 자

유롭게 마음껏 주워 먹을 수 있었다고 했다. 마음씨 착한 과수원 주인아저씨가 동네 아이들이며 주민들에게 그렇게 허락했다고 한다. 아이들이 가끔 서리해 먹는 것도 아저씨는 일부러 모른 척해주곤 했단다. 그저 가끔씩 "이놈들아, 덜 익은 거 따 먹으면 배탈 난다. 그러면 약값이 더 들어"라고 말씀하셨을 뿐 잡아다 치도곤을 내리는 일은 한 번도 없었단다.

아마도 아빠는 그 마음 따뜻했던 과수원 주인아저씨가 생각났던 모양이다. 그래서 낙과해 상처투성이인 사과를 듬뿍 산 것이다. 물론 아빠의 구두쇠 기질도 한몫을 한 건 분명하다는 게 온 가족의 만장일치 의견이긴 했지만.

"아빠, 아무리 그래도 이건 너무했다. 반쯤은 썩었어요. 이걸 어떻게 먹어요? 싼 게 비지떡이라고 아무리 헐값이라도 버릴 게 더 많네."

아내도 둘째 딸의 이야기에 동감한다는 듯 고개를 끄덕였다. 아빠는 최후의 지지자인 큰딸에게 시선을 돌렸다. 그러나 이번에는 착한 큰딸도 선뜻 아빠를 지지하기에는 무리이다 싶은 눈치였다.

"반쯤 썩은 건 달리 보자면 반은 잘 익은 거 아니겠니? 사실 이렇게 상처 나거나 조금 상한 사과가 더 맛있단다. 그거 모르지? 잘 익은 게 먼저 썩는 법이야. 새들도 맛을 기가 막히게 알아채서 맛있는 사과만 쪼아대서 상품으로 내놓지 못하게 만들거든."

아빠는 얼른 과도를 찾아 상한 부분을 도려내서 플라스틱 통에 담고 나머지는 익숙하게 깎아서 접시에 올렸다. 아내와 세 딸은 마음이 썩 내키지는 않았지만 깎아놓은 사과를 버릴 수도 없는 노릇이어서 하나씩 집어 들어 맛을 보았다. 아빠는 네 여자의 표정을 근심스럽게 그리고 반은 옅은 기대감으로 바라봤다.

"어? 생각보다 훨씬 맛있네. 정말이에요, 아빠. 맛있어!"

둘째 딸이 사과를 한입 베어 물고 만면에 미소를 띠며 말했다. 아내와 막내딸도 그 말을 확인이라도 하려는 듯 얼른 하나씩 들어 맛을 보더니 정말 그렇다며, 갑자기 아빠를 칭찬하는 분위기로 바뀌기 시작했다.

"거봐라, 아빠 말이 맞지?"

아빠는 또 다른 사과를 집어 들더니 거의 예술적인 손놀림으로 이리저리 도려내고 깎아내 접시에 올렸다. 그렇게 뜻하지 않은 사과 파티가 벌어졌다. 아침 사과는 보약이고 저녁 사과는 독약이라는 상투어는 애당초 틀린 말이라는 듯.

"아빠가 이 사과를 산 건 꼭 싸기 때문도 아니고, 맛이 더 좋아서도 아니야."

"그럼 왜 샀어요?"

세 딸이 합창하듯 물었다.

"보통 정상적인 사과는 오늘 팔리지 않으면 내일 팔 수도 있지만, 상한 사과는 오늘 팔지 않으면 버려야 하는 게 태반일 거야. 일단 사과가 하나라도 상하거나 썩기 시작하면 금세 번져버리거든. 그걸 팔지 못하는 상인이나 과수원 주인 심정이 어떻겠니? 돈이 문제가 아니야. 한 해 열심히 키운 과일을 제 손으로 버려야 하는 것만큼 가슴 아픈 일은 아마 없을 거야. 그게 농부의 마음이란다. 그 아픈 마음을 조금이라도 위로해줄 수 있다면 얼마나 좋겠니. 그러니 이건 입이 아니라 마음으로 먹는 사과야."

아빠의 따뜻한 마음에 아내와 세 딸은 행복한 미소로 답했다. 사과의 맛과 향보다 더 진하고 달콤한 아빠의 마음이 고맙고 자랑스러웠다.

"겉모습은 이렇게 못생기고 망가졌지만 이 사과들도 제각기 힘겹게 싸워서 이렇게 결실을 맺은 거잖니. 그렇다고 속까지 모두 못 쓰는 것도 아닌데. 우리는 너무 겉모습에만 마음을 두는 거 같아. 아빠는 우리 사랑스러운 딸들이 그렇게 겉으로 드러나는 가치에만 마음을 두지 않았으면 좋겠다."

세 딸은 고개를 끄덕이며 부드러운 미소로 답했다.

"아빠, 이제 보니 완전 고단수네. 떨이하는 싸구려 사과 한 보따리 사 와서는 감동으로 때우는 저 고단수!"

다섯 사람은 식탁 한가득 쌓인 못난이 사과를 앞에 두고 깔깔 웃었다. 영문 모르는 강아지 까미도 덩달아 짖어댔다. 스티브 잡스의 사과보다, 뉴턴의 사과보다 아빠가 퇴근길에 사 온 못난이 사과가 훨씬 더 소중하게 느껴진 저녁이 시나브로 따사로웠다.

측은지심惻隱之心이면 족하다.
그 마음은 겉으로 드러나는 호들갑이 아니라
너르고 은미한 것이다. 광대함과 은미함은
서로 다른 게 아니고 상통하는 것이다.
그 마음이 상생의 애틋함의 원점이다.

할아버지의 사탕

다른 사람들을 평가만 한다면
그들을 사랑할 시간이 없다

지하철에서 두서너 살쯤 되어 보이는 아이가 갑자기
울음을 터뜨렸다. 모든 승객들의 시선이 그 울음소리를 향
해 쏠렸다. 아이 엄마는 어쩔 줄 모르고 쩔쩔맸다. 아마도
아이는 지하철 안이 답답해 몸을 뒤척이고 징징대다 엄마
에게 야단맞고 서러워서 그랬던 모양이다. 엄마가 달래기
도 하고 어르기도 하지만 아이의 울음은 좀처럼 그치지 않

았다. 참을성 없는 사람들은 낯을 찡그렸고, 그런 모습을 본 엄마는 마침내 손을 들어 아이를 때리겠다는 시늉까지 했다. 그럴수록 아이의 울음소리의 옥타브는 한층 더 올라갔다. 차량 한 칸이 아이의 울음소리로 가득했다. 승객들의 짜증은 점점 심해졌다.

바로 그때 경로석에 앉아서 조용히 책을 읽고 있던 한 할아버지가(놀랍게도 그 칸에서 유일하게 책을 읽고 있었다) 천천히 아이와 엄마 쪽으로 걸어왔다.

"그 녀석, 울음소리 한번 씩씩하구나. 몇 살이니?"

할아버지가 노련하게 아이의 울음소리가 씩씩하다며 칭찬하자 아이는 할아버지를 빤히 쳐다보았다. 할아버지의 말은 아이에게 건네는 말이 아니라 당황해하는 아이 엄마를 달래는 말이었을 것이다. 다른 승객들에게 미안해 당혹해하는 아이 엄마의 마음을 헤아리는 노인의 지혜랄까?

뭐가 그리 서러운지 눈물을 뚝뚝 떨어뜨리며 중간중간 '흑흑' 흐느끼다가 쉬기도 하면서 '장기전으로 울' 태세였던 아이도 갑자기 조용해졌다. 낯선 할아버지의 등장에 당황했거나 호기심이 생긴 모양이었다.

사실 아이가 울음을 그치고 빤히 바라보고 있던 건 할아버지가 가방에서 꺼낸 사탕이었다. 녀석은 자기가 원하는 것이 눈앞에 보이자 언제 그랬냐는 듯 울음을 뚝 그치더니 아예 방긋 웃기까지 했다. 그렇게 하면 할아버지가 제게 사탕을 주지 않고는 배기지 못할 것이라는 걸 잘 알고 있다는 듯. 그러나 할아버지는 아이에게 사탕을 바로 주지 않고 아이 엄마에게 사탕 몇 개를 건네주었다.

"한꺼번에 주지 말고 동화 한 꼭지 다 들으면 주겠다고 하시우. 이 녀석도 사탕 때문에 귀 쫑긋 세우며 들을 게유. 그 녀석, 울음 그치니 더 잘생겼네. 울면 못난 얼굴 되는 거야. 여기 사람들 많지? 이런 데서는 울고 싶어도 짜증이 나도 참아야 하는 거란다. 잠깐이면 돼. 너 이제 안 울거지? 이 할아버지랑 약속!"

아이는 방긋 웃으며 무순처럼 예쁜 손을 내밀며 손가락을 걸었다. 아이 엄마는 거듭 고맙다고 인사하며 어쩔 줄 몰라 했다.

"정말 고맙습니다. 어르신 뵈니 친정아버지를 뵙는 거 같아요. 좋은 말씀도 잘 새기겠습니다."

승객들의 표정도 밝아졌다. 방금 전의 그 짜증스러운 낯빛들이 말끔히 사라졌다. 그때 맞은편에 앉아 있던 중년의 부인이 할아버지에게 말을 건넸다.

"여자들도 애들 위해 사탕 잘 안 가지고 다니는데, 아저씨는 참 특이하시네요."

'아저씨'라는 말이 어색했지만 그 부인의 입장에서는 그리 말하는 게 조금도 이상하지 않았다. 대충 보아도 그 할아버지보다 열 서넛쯤 아래로 보이는 이였으니 그 중년 부인으로서는 할아버지보다는 아저씨라 부르는 게 더 어울렸다. 처음 보는 이에게 '오빠'라 할 수는 없는 노릇일 테니 아저씨가 제일 무난한 호칭이었다. 할아버지도 자신을 아저씨라 칭하는 게 은근히 듣기 좋은 눈치였다.

"사실은 저혈당 증세가 있어서 사탕이나 초콜릿 몇 개쯤은 갖고 다닌답니다. 그런데 그게 가끔은 요긴하게 쓰여요. 지하철 타면 저리 우는 아이들이 가끔 있거든요. 아이들로서는 지루하기도 하고 졸릴 때도 있을 거고, 어쨌든 나름대로 까닭이 있어 칭얼대거나 울지요. 그럴 때 가지고 다니던 사탕을 주면 울음을 뚝 그칩디다. 그래서 요즘에는 아예 조금 넉넉하게 가방에 챙겨 다닌답니다."

아이는 이미 제 입에 사탕을 넣은 듯한 표정으로 계속해서 사탕을 쥔 엄마의 손을 만지작거렸다. 억지로 사탕을 뺏으려 하지 않는 게 놀라웠다.

"지하철에서 아이가 울면 좀 시끄러울 순 있지요. 하지만 내 아이 네 아이 따질 게 있습니까? 모두 우리의 아이들이지요. 옛 어른들이 아이 하나 키우려면 한 마을이 필요하다 했던 것도 어쩌면 다 그런 뜻이었을 겁니다. 이 지하철 한 칸도 어찌 보면 한 동네 아니겠습니까? 다 내 손주 같다 생각하면 그저 예쁘기만 하지요."

할아버지가 아이의 뺨을 어루만지자 아이도 방긋 웃었다.

"사실 우리 노인네들이 이렇게 혼잡한 지하철에 탈 때 미안한 생각이 들 때가 있다우. 힘들게 자리 잡은 젊은이들 일어나게 하지를 않나, 게다가 요금도 내지 않으니 더 그렇지. 누가 무슨 말을 하지 않아도 눈치 보이거든. 그런데 이렇게 사탕 몇 개로 조금은 미안함을 덜 수 있으니 나도 좋지요."

할아버지는 공짜로 타는 지하철이 못내 미안하다는 표정이었다. 하기야 그 시간에는 사람들이 휴지처럼 구겨져 있을 때니 어르신들이 봉변당하기 십상일 뿐 아니라 눈총을 받기도 쉽다. 한가한 시간에 친구들과 함께 가까운 산에 가거나, 혹은 어디 값싸고 맛 좋은 식당 찾아가 행복한 한담을 나누며 하루를 누리는 것이 노인들의 몸뿐 아니라 정신 건강에도 좋다고 한다. 그런 행복을 제공하는 지하철 경로우대 무임승차는 그냥 공짜 선심이 아닌데도 할

아버지는 스스로 눈치 보는 게 내심 불편한 기색이었다.

"할아버지 덕분에 너무 고마웠습니다. 편히 살펴 가세요. 늘 건강하시고요."

아이 엄마가 몇 정거장을 지나 내리면서 일부러 경로석까지 찾아가 인사했다. 아이 녀석도 "하부지, 안뇽!" 하며 손을 흔들었다. 경로석 어르신들은 합창하듯 "그래, 잘 가거라. 씩씩하게 잘 커라! 엄마 말씀 잘 듣고"라며 덕담으로 작별했다.

갑자기 지하철 한 칸에 행복이 가득했다. 차창에도 반사된 웃음으로 행복이 두 배, 네 배로 커져갔다. 마치 오래된 마을 입구 느티나무 아래 평상 위의 모습처럼 아름다운 하루였다.

행복 뉴런도 진화한다. 인간은 경쟁에서 이기거나 원하는 것을 획득했을 때 짜릿한 행복을 느끼지만 그 행복은 그리 오래가지 않는다.
그러나 누군가를 도왔을 때의 행복감은 강한 쾌감은 아니지만 오래 이어진다.
그래서 오래 지속되는 행복을 추구하는 방향으로 진화한다는 것이다. 그런 진화가 진짜 행복이다.

책들의 패자부활전

달혀 있기만 한 책은

하나의 블록에 불과하다

    책이 지닌 독특한 지향紙香을 맛보는 건 서점 순례가 주는 선물이다. 종이와 잉크가 만나 빚어내는 특유의 책 냄새를 맡으면 후각만으로도 이미 지식이 뇌세포에 이식되는 느낌이 들어서 살갑다. 갈수록 영상이 위세를 떨치는 시절인 데다 웬만한 지식과 정보를 편리하게 전해주는 다양한 매체들로 인해 책에 대한 갈증이나 아쉬움이 예전만 못하지만 그래도 여전히 책이 주는 매력은 도도하게 존재한다. 이 매력은 단순히 종이책의 물성에서만 비롯되지 않는다. 그 너머에서 흘러나오는 느낌이 주는 맛은 독특하다.

책 욕심이 있는 사람들은 자신의 책장에 꽂힌 책을 보거나 읽으면서 느끼는 뿌듯한 포만감의 즐거움에 부지런히 책을 간수한다. 책을 산다고 다 읽는 건 아니지만 언젠가 그 책을 읽게 되는 걸 알기 때문에 이들은 그리 조바심을 내지는 않는다. 책을 샀기 때문에 읽는 게 아니라 책이 거기에 있기 때문에 읽게 된다는 걸 습관적으로 알기 때문이다.

새롭게 나오는 책들도 제대로 고르지 못하거나 그걸 다 읽지 못하면서도 가끔은 오래된 책을 만나기 위해 순례를 떠나기도 한다. 흔히 헌책방이라 부르기도 하는 고서점은 신간 서적과는 또 다른 맛을 느낄 수 있는, 뜻밖의 보석을 찾을 수 있는 광맥이다. 갈수록 그런 서점이 줄어드는 게 아쉽지만(하기야 일반 서점도 줄어드는 세태이니) 소풍 삼아 발품을 팔면 흥미롭고 특별한 순례가 되기도 하다.

헌책방 책들은 적당히 볕에 바래고 약간의 먼지도 뒤집어쓰고 있어서 몇 권만 뒤적이다 보면 손이 까매지기 십상이다. 그래도 새 책에서 나는 비릿한 잉크 냄새와는 다른, 살짝 곰팡이 냄새 비슷하기도 한 묵은 잉크 냄새가 나는 책이 나는 참 정겹다. 어떤 책에는 앞서 읽었던 이가 중요하다고 생각했거나 감동을 느낀 부분에 밑줄이 가지런히 그어진 것도 있고, 가끔 낙서 비슷한 메모가 적힌 책도 보인다. 운이 좋을 때는 유명한 이들의 손때와 메모가 함께 담긴 책들을 만날 수도 있다. 그런 경우 시간의 간극을 가뿐히 뛰어넘어 그와 대화하는 느낌이 들기도 한다. 희귀본을 얻는 큰 행운을 그다지 바라지는 않지만, 그래도 어쩌다 그런 보물을 만나게 될 때는 짜릿한 희열을 느낀다.

헌책방은 잊힌 책들이 부활해서 제대로 자격을 갖춘 새로운 주인과 만나는 곳이다. 그야말로 책들의 패자부활전이 멋지게 이루어지는 곳이다. 아주 오랫동안 헤어졌던 과거의 시간과 무덕무덕 만날 수 있는, 그것도 멈춰진 시간이 아니라 과거와 현재가 함께 숨 쉬는 공간이 헌책방 말고 또 어디 있을까. 골동품 가게의 시간은 멈춰 있지만 헌책방의 시간은 부지런히 태엽을 감아준 옛날 시계처럼 얌전하게 흘러간다. 헌책방은 시간을 만나고 사람을 만나고 지식과 정서를 가장 가까이 만나서 마음껏 느낄 수 있는, 그런 곳이다.

학교 근처에 재개발로 아파트가 들어서면서 지금은 사라진, 제법 오래된 단골 헌책방이 있었다. 뜻밖에도 주인은 젊은 축에 속하는 사람이었다. 나는 그 헌책방을 출퇴근 때 전철역 가는 길을 오가며 일주일에 한두 번은 습관처럼 들러보곤 했다. 책을 싸게 살 수 있어서 들렀다기보다는 뜻밖의 좋은 책들을 만날 수도 있겠다는 희망으로 들렀다. 그렇게 자주 보게 되니 자연스럽게 안부도 묻고 커피도 마시며 겨울이면 난로 위에서 익혀진 군고구마도 나눠 먹는 사이가 되었다. 그는 내가 관심 있는 분야를 눈여겨보았다가 좋은 책이 나오면 챙겨두고는 내가 헌책방에 들르는 날 쓱 내밀며 씩 웃었다. 헌책방 운영은 돋보기를 콧등에 걸쳐 쓴 나이 지긋한 분에게 어울릴 만한 일 같아서, 주제넘지만 하루는 그에게 물었다.

"사장님은 젊으신 것 같은데 왜 헌책방을 운영하세요? 큰돈 버는 일도 아닌데."

주인은 대답 대신 그저 멋쩍게 웃기만 했다. 굳이 답하고 싶어 하지 않는 눈치여서 나도 더 묻지는 않았다. 그래도 무슨 사연이 있는 것 같아 하루는 실례를 무릅쓰고 캐물었다. 그제야 주인은 입을 떼고 헌책방을 차리게 된 내력을 말해주었다.

"집이 아주 가난했어요. 공짜에 가까운 교과서도 새 책으로 사본 적이 없을 정도였으니 말 다했죠. 그런데 동네 헌책방 주인아저씨가 늘 제가 한 학년 올라갈 때마다 비교적 깨끗한 걸로 미리 골라 두었다며 교과서를 챙겨주셨어요. '이 책은 두 사람이 공부하는 거니까 결과가 좋을 거다. 가난은 잠깐이야. 실망하지 마라.' 참 고마운 분이셨죠."

그는 나름대로 열심히 공부했고 성적도 제법 좋았다고 했다. 그러나 고등학교에 진학하기 직전 오랜 병에 시달리던 아버지가 돌아가셨고, 결국 진학을 포기하고 공장에서 일을 해야 했다. 헌책방 주인아저씨는 그런 그의 처지를 안타까워하며, 그럴수록 책이라도 봐야 한다며 공짜로 몇 권을 챙겨주셨다. 처음에는 자신의 처지가 한심하고 세상이 원망스러워 일부러 책을 읽지 않았다. 그러던 어느 날 주인아저씨가 "이놈아, 여기가 네 학교다. 학교에서 배울 수 있는 것보다 더 큰 세상이 여기에 있어. 그러니 학교 다니는 녀석들 부러워할 것 없다"라며 따끔하게 충고했단다.

그 뒤부터 닥치는 대로 책을 읽었다. 하루는 도스토옙스키의 《카라마조프가의 형제들》을 골랐는데, 그 책을 읽다가 거기에서 당시로는 큰돈인 만 원짜리 한 장과 메모를 발견했다.

이 책을 골라줘서 고맙습니다. 보석 같은 책입니다. 평생 몇 번을 되풀이해서 읽었는지 모릅니다. 나는 이 책을 주머니 사정 빈약한 젊은 청년이 읽었으면 좋겠습니다. 이 돈은 이 책을 고른 당신에게 드리는 나의 작은 선물입니다. 책은 좋은 친구입니다. 오래 사귀길 빕니다.

공짜로 얻은 책에서 그런 돈이 나오니 처음에는 욕심이 났지만 자기 몫이 아닌 것 같아 주인아저씨에게 갖다드렸다. 그러나 정작 아저씨는 "그건 책을 고른 사람에게 주는 선물이라고 적혀 있잖니. 그러니 그건 네 거다"라며 그의 손에 만 원 지폐를 다시 쥐어주었다. 그때는 몰랐는데 한참 뒤에 생각하니 아마도 주인아저씨가 일부러 책에 끼워 넣은 것 같았단다. 일부러 그이에게 그 책을 권하기도 했고, 아무나 책을 빼 갈 수 없는 아저씨 자리 뒤에 꽂혀 있던 걸 보면 틀림없이 그랬을 것이다.

책 읽는 재미에 푹 빠졌던 청년은 결국 검정고시를 봤고 전문대학에 진학해서 취업도 했다. 열심히 일해서 돈도 조금 모았다. 그런데 갑자기 다니던 회사가 부도가 나 다른 곳에 취업하려고 준비하던 중 갑자기 헌책방을 열고 싶더란다.

"저는 헌책방도 전문 서점으로 만들고 싶어요. 그래서 여행에 관한 책을 집중적으로 수집하고 있습니다. 여행 갈 때 지금의 정보도 좋지만 과거에 어땠는지, 예전에 이미 다녀갔던 사람들은 무엇을 어떻게 봤는지 함께 읽어보며 비교해보는 여행도 즐겁지 않겠어요? 그런 히스토리를 발견하고 과거와 현재를 이어주는 끈을 발견할 때 뜻밖의 결과를 만들어낼 수 있지요. 그게 스토리를 만드는 능력 아닐까요? 사람들이 그걸 누리며 살아갔으면 좋겠어요. 그런 힘이 자신만의 콘텐츠를 만들어낼 수 있는 바탕임을 사람들이 알면 세상은 아주 멋진 곳이 될 겁니다. 오래된 거라면 무조건 외면하는 세상을 조금이라도 바꿨으면 좋겠어요. 책이 부활하듯 삶도 부활하면 멋지지 않을까요?"

책의 부활과 삶의 부활! 멋지게 어울리는 말이 아닌가. 나는 그의 헌책방이 '부활의 전당'이 되기를 간절히 빌었다. 여행에 대한 옛날 책을 전문적으로 다루고 싶다는 그의 소박한 꿈이 휴 그랜트와 줄리아 로버츠가 주인공으로 나왔던 영화 〈노팅 힐〉처럼 명물로 실현될 수 있다면 얼마나 멋진 일이겠는가. 영화에서 휴 그랜트가 연기한 이혼남 윌리엄 태커는 영국 노팅 힐에서 조그마한 '여행서 전문 서점'을 운영했는데, 그이가 운영하는 헌책방도 훗날 그렇게 되지 말란 법은 없지 않은가. 한참 뒤 BBC에서 제작한 다큐멘터리를 보면서 나는 헌책방 주인의 얼굴이 떠올랐다. 다큐멘터리는 영국 국방장관이었던 마이클 포틸로가 동남아시아의 철도를 찾아다니는 내용이었는데, 그의 손에는 아주 오래전 그 철도가 개통될 무렵 발행된 여행기가 들려 있었고, 그는 그 책을 토대로 철도의 옛날과 지금 모습을 비교하고 있었다. 헌책방 주인이 생각나지 않을 도리가 없었다.

그렇게 빈번히 드나들며 헌책도 구경하고 그와 이야기도 나누며 지냈는데, 어느 날 안타까운 소식이 들려왔다. 헌책방이 들어선 건물이 철거된다며 우울해하는 그의 모습에 나도 낙담했다. 하지만 그는 어쩌면 자신이 꿈꾸던 '진짜 제대로 된 헌책방'을 좀 더 일찍 시작할 수도 있을지 모르겠다며 애써 희망을 품었다.

몇 해 동안 이어진 우리의 만남은 그렇게 끝났다. 이제는 옛 흔적도 사라지고 고층 아파트가 들어선 그 길을 지날 때마다 나는 마음속으로 늘 한 가지 바람을 품는다. '책도 부활하고 그 주인도 부활했기를.' 어쩌면 그는 지금쯤 어디선가 영화처럼 아름다운 '여행서 전문 헌책방'을 마련하고 있을지 모르겠다.

영국의 헤이 온 와이_{Hay-on-Wye}[*] 같은 멋진 헌책 마을까지는 아니어도, 시내에 여전히 우직한 헌책방들이 살아남아 우리의 굳은 삶을 깨뜨려주었으면 한다. 헌책방에서 부활한 헌책들이 우리네 삶도 나날이 새롭게 부활하도록 깨우쳐주면 좋겠다. 새것만 좋은 것이 아니라 오래된 것도 그 나름의 가치와 의미가 있다는 걸, 때로는 그것이 더 아름답기도 하다는 걸 배울 수 있도록. 헌책방이 건재한 것처럼 연륜과 경험을 쌓아둔 삶도 새로운 가치로 거듭날 수 있는 그런 세상이면 좋겠다. 그렇게 사랑도 삶도 잊지 않고 잃지 않고 소중한 가치를 함께 기억하고 간직할 수 있으면 좋겠다.

그 헌책방 주인은 예전의 그가 받았던 것처럼 누군가에게 희망과 작은 기쁨을 주고 싶어 만 원짜리 지폐를 꺼내 책에 숨겨두고 있을지도 모르겠다.

---

* 영국 잉글랜드와 웨일스 지방의 경계에 위치한 이곳은 인구 1,500명의 작은 시골이다. 광산으로 번성했던 시기를 거쳐 쇠락해가던 이곳에 변화가 생긴 건 1962년 옥스퍼드대학교 출신인 리처드 부스_{Richard Booth}가 '고서점 도시'라는 도시 활성화 방안으로 첫 번째 서점을 열면서부터다. 이후 수십 개의 서점이 차례로 개점하면서 '헌책 마을'이라는 새로운 장르를 탄생시켰다. 매년 봄 헤이 온 와이에서는 '헤이 페스티벌'이 열리는데, 이 축제에 전 세계에서 많은 사람이 찾아오면서 영국의 명물이 되었다.

과거 없는 현재는 없고,
현재 없는 미래는 불가능하다.
역사 이성이란 이런 인식에 토대를 둔 것이다.
잃어버리고 잊고 산 것들을
가끔은 되살리며 살아갈 수 있다면
차가운 겨울에도
따뜻한 봄날의 새싹을 틔울 수 있을 것이다.
그것이 바로 부활이 아닐까.

위대한 넘버 쓰리

인생에는 서두르는 것 말고도
더 많은 중요한 것이 있다

한왕용이라는 이름을 아는 이들이 얼마나 될까. 에드
먼드 힐러리, 라인홀트 메스너, 고상돈, 엄홍길, 박영석, 오
은선. 산을 좋아하는 사람들이라면 다 잘 아는 이름들이
다. 힐러리는 1953년 세계 최초로 에베레스트에 오른 사
람이고, 메스너는 무산소 단독 등반으로 히말라야 14좌를
처음 완등한, 살아 있는 전설이다. 이제는 고인이 된 고상

돈은 1977년 한국인 최초로 에베레스트를 등정했다. 엄홍길은 세계 최초로 8,000미터급 16좌를 완등한 한국의 대표적 산악인이며, 박영석은 아시아 최초 무산소 에베레스트 등정과 한국인으로는 두 번째 히말라야 14좌 완등 기록을 세우더니 이후 7대륙 최고봉과 남북극 원정에 성공하여 세계 최초로 이른바 산악 그랜드 슬램을 달성한 인물이다. 그는 2011년 안나푸르나 코리안 루트를 개척하다 실종되어 많은 이들을 안타깝게 했지만 우리는 지금도 그를 영원한 '대장'으로 기억한다. 오은선은 에베레스트의 꿈을 위해 안정된 직장도 포기하고 산에 매달린 끝에 2004년 에베레스트 등정에 성공하며 세계 7대륙 최고봉 등정의 마무리를 찍었다. 2009년 칸첸중가 등정에 대한 자료와 증거 부족으로 의혹이 제기되기도 했지만 그녀는 히말라야 8,000미터급 14좌를 등정한 등반가다.

앞에서 열거한 사람들은 우리가 오랫동안 기억할 만한 위대한 기록과 역사를 만들어냈다. 그런데 '한왕용'이라는 산악인을 기억하는 이들은 별로 없다. 그는 이들과 마찬가지로 산악인이지만 지금은 등반가의 길을 걷기보다 히말라야 청소를 하고 환경 운동에 힘쓰는 '지구 청소부'의 삶을 선택했다. 그는 1994년 초오유 등정을 시작으

로 2003년 브로드피크에 이르기까지 히말라야 8,000미터
급 거봉 14좌를 완등했다. 우리가 그를 기억하지 못하는
건 그가 '세 번째로' 히말라야 14좌를 완등했기 때문이다.
넘버 투도 기억하지 않는 게 현실인데 넘버 쓰리는 말할
것도 없지 않은가.

한왕용은 2000년에 히말라야 고봉 중 가장 등반이
어렵다는 K2에 도전했다. 그는 이때 함께 간 선배의 산소
통이 고장 나자 자신의 산소통을 건네주었다. 그 후유증
으로 귀국해서 네 차례나 뇌혈관 수술을 받아야 했다. 산
에 오르는 건 고사하고 정상적인 생활도 힘들다는 의사의
진단에도 불구하고 그는 다시 도전했다. 그리고 마침내
2003년 히말라야 14좌를 완등했다. 히말라야 14좌 완등
은 지금까지 세계에서 십수 명만 성공한, 엄청나게 어려
운 일이다.

박영석과 엄홍길이 히말라야 14좌 완등을 성공했던
2001년 당시, 한왕용은 여덟 개의 봉우리를 등정한 상태
였다. 이미 1등에게 쏟아지는 스포트라이트는 받을 수 없
는 상태에서 계속해서 산을 오르려는 그에게 사람들은 바
보 아니냐며 손가락질했다. 하지만 그는 명예를 위해서 산
에 오른 게 아니라 자신과의 싸움에서 승리하기 위해 도전

을 계속했고, 마침내 2003년 브로드피크를 끝으로 히말라야 14좌를 완등했다. 그 등정 과정에서 최후의 목표 달성 직전에 크레바스에 발이 빠져 생명이 위태로웠던 적도 있었다. 그렇지만 그는 끝내 포기하지 않았고 아무도 관심을 갖지 않았지만 자신의 길을 묵묵히 걸었다.

한왕용은 14좌 완등을 하는 과정에서 그 자신은 눈사태를 두 번 당하고, 여섯 번이나 크레바스에 빠졌지만 단한 명의 동료도 잃지 않았다. 베이스캠프를 조금씩 전진 설치하면서 목적지로 향해 나아가는 전형적인 극지법을 선호해 무모한 산행을 피한 덕분이기도 하고, 그의 이타적 동료애 때문이기도 하다. 그래서 어떤 입 가벼운 이들은 그를 '가장 안전한 등반왕'이라고 비아냥거리기도 한다. 하지만 무모한 등반이 인명을 가볍게 여기는 발로라는 점도 무시할 수 없음을 생각해보면 그의 그런 산행 방식은 상찬할 일이지 비난한 일은 결코 아니다.

한왕용은 1995년 에베레스트 등정 당시 박영석 대장의 부탁으로 정상 바로 아래에서 뒤처진 다른 팀 대원을 무려 5시간 15분을 기다려 만난 뒤 기진맥진한 그를 부축해 하산하는 초인적인 휴머니즘을 발휘한 일이 있다. 카페에 앉아 누군가를 1시간 기다리는 것도 끔찍한데 5시간 넘

게 깎아지른 고봉 능선에서 눈보라 폭풍을 견디며 사람을
기다리는 건 상상하기도 어려운 일이다. 그는 또한 1996
년 여름 톈산산맥 포베다 산에서도 '다른 원정대'의 대원
을 살려내고, 1997년 가셔브룸 1봉에서는 크레바스에 빠
진 동료를 구출해 베이스캠프로 데리고 내려오기도 하는
등 진정한 휴머니스트로서의 면모를 보여주었다. 후배 산
악인들은 그가 늘 궂은일을 도맡았다고 회상했다. 그러나
그건 일부 산악인들 사이에서만 알려졌을 뿐 우리는 그런
일조차 전혀 모른 채 살아왔다.

세상 사람들의 무관심이 야속하기도 할 텐데 한왕용
은 새로운 소명을 찾았다. 그는 자신이 올랐던 히말라야
14좌 거봉들을 찾아 '청소 등반'이라는 일을 시작한 것이
다. 2007년 '클린마운틴'에 대해 설명하면서 그는 이렇게
말했다.

"지난 2002년 K3로 불리기도 하는 브로드피크 등반
중 날씨가 나빠 베이스캠프에 머무르고 있었는데, 무료해
서 두어 시간쯤 되는 거리에 있던 K2 베이스캠프에 놀러
갔습니다. 일본 산악대장 곤도가 제2캠프에서 주워온 캔
에서 나온 음식이라며 'C2 텐트 속에 너희 나라 원정대들
이 버린 음식물이 아직도 많다'고 말하면서 쓰레기를 보여

주는 순간, 얼굴이 확 붉어지더라고요. 어쩌면 이태 전 제가 K2 원정을 갔을 때 버린 것일지도 모르겠다는 생각도 들더군요. 정말 부끄러웠어요. 그때 14개 고봉을 완등하고 나면 내가 히말라야에 버리고 온 쓰레기와 함께 양심도 청소하기로 마음먹었죠. (중략) 우리는 아직까지도 원정대를 대규모로 꾸려요. 또 한국에서 음식을 많이 싸 가기도 하고요. 고소 캠프에서 텐트와 식량을 수거하지 않고 내려오는 것은 이제 알 만한 사람은 다 아는 사실이 돼버렸죠."

그는 무려 6년 동안 자신의 청소 등반을 묵묵히 수행했다. 그곳에 올라 수많은 찬사와 조명을 받은 이들 가운데 그처럼 청소 등반이라는 걸 한 사람이 또 있는지 모르겠다. 찬사는커녕 외면만 받았던 한왕용은 에베레스트의 8,000미터 고지까지 올라가서 쓰레기들을 치웠다. 눈과 얼음 속에 꽁꽁 덮여 있던, 다른 사람들이 버리고 간 텐트며 산소통 등 수많은 쓰레기들을 얼음을 깨고 끄집어내서 끌고 내려왔다.

'최초'나 '최고'만 기억하고 요구하며 '소비'하는 세태 속에서 다들 고봉을 정복하고 오를 생각만 했지 그이처럼 산을 청소하는 일에 주목한 사람은 거의 없다. 한왕용은 그 이후로도 계속해서 그 일을 하기로 마음먹었고, 본격적인 청소 등반을 시작하기 전에는 미국에 가서 세계적인 환경단체인 US LNT Leave No Trace에서 환경 교육까지 받았다. 그리고 2003년부터 5년간 히말라야의 쓰레기 처리를 위한 등정을 계속하는 등 환경을 생각하는 클린 산악인으로서의 꿈을 펼치고 있다. 《히말라야 청소부》는 그런 그의 삶을 줄거리로 삼은 동화책이다. 현재 그는 '국제위러브유운동본부'의 홍보대사로 일하며 클린마운틴 소명을 수행하고 있다.

아무도 기억하지 않는 비운의 넘버 쓰리. 그러나 나는 그를 진정한 산악인으로 기억한다. 거의 모든 산악인 가족들의 숙명이기는 하지만 그가 히말라야 14좌를 완등할 당시 그의 아내는 많이 불안해했다고 한다. 한왕용은 사랑하는 아내에게 자신이 그런 불안을 안겨줬다는 게 못내 미안했다고 고백하기도 했다. 2008년 여름휴가로 가족을 데리고 설악산에 갔을 정도로 산을 사랑하는 그는 사람들의 무관심보다는 사람들이 쓰레기로 산을 학대하는 모습을 더 안타깝고 속상해한다. 그는 아직도 세간의 무관심이 섭섭하지 않을까.

"탐험에 대한 욕심은 이제 없어요. 할 만큼 했다고 생각하니까요. 앞으로의 모험은 후배 산악인들의 몫이지요. 대신 후배들, 후손들을 위해 산을 아끼자고 결심한 거예요.”

'할 만큼 했다'는 것만으로 자신의 몫을 다했다고 평가하는 한왕용이야말로 진정한 산사람이다.

“저는 14좌 완등자보다는 정말 산을 사랑했던 한 사람으로 기억되기를 바랄 뿐입니다.”

그는 이제 더 이상 산을 '정복'한다는 말을 사용하지 않는다. 산을 오르는 건 경쟁이 아니기 때문이다. 물론 사람인지라 '최초'니 '최고'니 하는 말에 대한 관심을 온전히 접을 수는 없을 것이다. 하지만 참된 산행은 겸손과 자연에 대한 무한한 애정 그리고 존경이 바탕에 깔려 있어야 한다.

주말이면 엄청나게 많은 이들이 근교의 산에 오른다. 건강도 얻고 자연의 호연지기도 누릴 수 있으니 등산이야말로 최상의 스포츠다. 산에 오를 때마다 위대한 넘버 쓰리 한왕용의 이름이 떠오르는 건 그래서 고마운 일이다. '히말라야 청소부' 한왕용, 진정한 산 사나이의 삶에서 배울 게 참 많으니 말이다.

누가 나를 알아줘서 보람 있고 행복한 게 아니라,
내가 일을 하면서 자존감과 충만함을 느낄 수 있으면

그 자체로 행복하고 고마운 거다.
내가 올바르면 세상의 평가쯤이야
넉넉하게 넘기는 게 한결 쉽지 않을까?
눈 밝은 이라면 제대로 평가받지 못하는,
속 꽉 찬 이를 찾아내고 기억해야 한다.
그래야 세상이 조금은 공평해질 것 아닌가.

장학금을 반납합니다

교육의 위대한 목표는
앎이 아니라 행동이다

대학생들의 삶이 참 고달프다. 해마다 물가상승률을 훌쩍 뛰어넘는 등록금 인상 폭에, 휘청한 가계 살림에 그들의 마음은 답답하고 무겁다. 사실 그 나이쯤 되면 제 앞가림은 스스로 해야 하는 게 맞지만 요즘 세상에 그게 어디 쉬운 일인가. 등록금 마련까지는 아니더라도 용돈만큼은 제 손으로 벌어보겠다는, 혹은 그럴 수밖에 없는 처지의 대학생들은 최저시급의 돈이나마 벌기 위해 여기저기 뛰어다니며 일한다. 그러다 보면 정작 공부에 쏟아야 할 시간이 부족해지는 게 현실이다. 학교 행정상 장학금은 성적순으로 지급하는 경우가 많다 보니 이런 학생들은 4년 내내 '장학금 면제' 신세를 벗어나지 못한다.

반면, 중고등학교 때부터 부모의 든든한 지원으로 고액 과외를 받으며 상대적으로 수월하게 대학에 진학한 학생들은 더 유리한 조건에서 장학금을 받을 확률이 높아지는 아이러니가 생겨난다. 그들에게 장학금은 경제적인 이익을 가져다줄 뿐만 아니라, 남들에게 자랑할 만한 전리품이 되고 마는 게 요즘 대학 내 현실이다. 부모로서는 장학금 받은 자식이 대견하고 기특해 그 돈을 상금 삼아 자식에게 주는 경우도 많다고 한다. 그들에게 장학금은 돈의 문제가 아니라 자랑거리이고 명예인 것이다.

이렇게 대학에서도 빈곤의 악순환은 그대로 이어지고 있다. 대학 당국도 자신의 편의에만 안주해 정작 힘들고 어려운 생활 속에서 공부하는 학생들을 찾아내 격려하고 지원하는 일에는 크게 집중하지 못하는 듯하다. 사정이 이렇다 보니 가난한 집 아이들은 공부를 잘해도 외고나 과학고 등 특목고 진학을 꿈도 꾸지 못한다. 진학 후에 입시를 준비하는 데 소요되는 비용이 상당하기 때문이다. 사법고시 폐지 이후 법조 계통에서 일하기 위한 유일한 통로가 된 로스쿨도 마찬가지다. 비싼 학비를 감당할 수 없으면 입학은 언감생심이다. 특목고든 로스쿨이든 처음 인가할 때 장학금을 50퍼센트 이상 확보한 학교만 인가했어야 했다. 가난해도 능력이 있고 배우고자 하는 열의가 있으며 자신의 능력을 보다 좋은 일에 쓸 수 있는 학생들에게 걱정하지 말고 입학시험에 응시하라고 했어야 한다. 우리 사회는 이들에게 필요한 도움이 무엇인지 면밀하게 읽어내지 못했거나 외면했다.

하지만 몇 해 전 보도된 내용은 매우 충격적이고 인상적이었다. 이런 각박한 현실에서도 한 대학생의 이야기는 우리에게 아직까지 우정과 정의가 살아 있음을 보여주었다. 그 학생은 어려운 가정 형편에도 불구하고 우수한 성적을 얻어 외부 기관으로부터 장학금을 받았다. 넉넉하지 않은 환경 속에서도 좋은 성적을 거두고 성실한 그 학생을 눈여겨본 교수님이 외부에 추천을 해줘서 받은 장학금이었다. 그런데 그는 그 돈을 다른 두 학생에게 반씩 나누어 몽땅 장학금으로 건넸다.

형편이 넉넉하다면 모를까, 자신의 처지도 별반 다르

지 않은 사람의 기부는 우리를 당혹하게 한다. 어떤 이는 불필요한 의협심이라고 깎아내리기도 하고, 괜히 잘난 척한다고 불편하게 여기거나 빈정거리기도 할 것이다.

그 학생의 마음은 세간의 오해와는 달랐다. 자신이 힘들게 살아왔기에 다른 친구들의 어려움을 충분히 공감하고 이해하기 때문에 한 행동이었다. 옛말에 '벼 아흔아홉 섬 가진 사람이 한 섬 농사지은 사람 벼 빼앗아 백 섬 채우려든다'라는 말이 있다. 부자가 더 욕심이 많다는 걸 비꼰 말이다. 하기야 욕심 없는 이가 어디 있을까. 누구나 욕심이 있다. 그런 마음이 없다면 성인군자이거나 정신 나간 사람일 것이다.

그 학생이라고 고민하지 않았을까? 남에게 빼앗은 돈도 아니고 자신이 열심히 공부해서 정당하게 받은 장학금이다. 그 돈만큼 자신의 삶에 조금은 숨통이 트일 것을 모르지 않았을 것이다. 주변에 어려운 친구가 있어도 내 눈한 번 질끈 감으면 그뿐이다. 어느 누구도 그걸 비난할 사람은 없다. 그러나 그는 이렇게 말했다.

"사실 저에게 적은 금액이 아니라 망설이기도 했지만, 받는 것보다 주는 것이 더 즐겁고 보람 있는 일인 것 같습니다."

누구나 '사랑'을 말한다. 사랑은 '관심'에서 비롯된다. 관심이 없으면 나만 생각한다. 그러나 관심만 있으면 아무 소용이 없다. 그건 그저 마음속에만 머무를 뿐이기 때문이다. 그것이 밖으로 드러나면 우리는 그것을 '배려'라고 부른다. 관심과 배려는 그래서 동전의 앞뒤와 같고 끈의 양 끝과 같다. 그 배려가 구체적 행동으로 나타나는 게 바로 사랑의 실천이다. 이 실천이 친구들 사이에서 이루어지면 그것이 곧 우정이다.

그 마음 따뜻하고 '미련한' 학생은 계명문화대학교의 '이랑규' 학생이었다. 찾아보면 의외로 이런 친구들이 대학마다 한둘씩은 꼭 있다. 그걸 드러내고 자랑하지 않아서 다른 이들이 모를 뿐이다. 참 기특하고 장한 젊은이들이다. 그런 청년들이 있어 세상이 온기를 유지하는 건지도 모른다.

나도 그런 학생을 알고 있다. 그 학생은 정말 공부를 열심히 했다. 수업 시간마다 늘 최선을 다하고 남들보다 자료 준비도 많이 하고 늘 적극적으로 질문했다. 심지어 연구실까지 찾아와 더 봐야 할 책들을 알려달라고 하는, 정말이지 가르치는 입장에서 보면 마음에 쏙 드는 기특한 학생이었다. 당연히 성적이 좋을 수밖에 없었다. 거의 모

166

든 과목에서 A학점을 받았다. 나는 당연히 그 학생이 장학금을 받을 줄 알았다. 어느 날 읽을 책을 추천해달라며 그 친구가 내 연구실에 또 찾아왔다. 이런저런 이야기를 나누다 그가 장학금을 받지 못했다고 해서 깜짝 놀랐다.

"너 장학금 못 받았어? 성적 좋은 애들이 그렇게 많니?"

그런데 그 친구의 대답이 참 뜻밖이었다.

"아버지가 장학금 신청을 못하게 하셨어요."

"그건 또 무슨 소리야? 아니, 왜 그러시니? 남들은 그걸 못 타서 안달인데."

장학금 수백만 원은 결코 푼돈이 아니다. 오래전 가난한 농가에서 자식 대학 등록금을 마련하기 위해 소를 팔아야 했던 사정은 지금도 다르지 않다. 경제적으로 여유가 있어도 받을 수 있으면 제법 도움도 되고 뿌듯한 돈이다. 그런데 그걸 받지 못하게 했다는 게 도무지 이해되지 않았다.

"어려운 친구들을 위해 양보하라고 하셨어요. 좋은 성적 받은 것만으로도 충분히 칭찬할 일이라며, 배려할 줄 아는 마음도 배워야 한다고요."

과연 그 아버지에 그 아들이라더니 이 부자를 두고 한 말 같았다. 그 아버님의 넉넉한 품성이 내게도 찡한 감동으로 다가왔다. 내 자식도 공부 열심히 해서 장학금 좀 받아봤으면 좋겠다는 마음이 늘 있었기에 더 실감할 수 있었다. 장학금을 못 받으면 또 어떤가? 그저 나보다 더 힘든 친구들 옆에서 응원하고 격려하는 심성만이라도 제대로 갖추면 그것으로도 충분하고 고마운 일인 것을. 이후 그 친구가 졸업했고 나도 학교를 떠났다. 그 학생의 아버지는 만나본 적도 없다. 그럼에도 그들이 선사한 훈훈한 감동 덕분에 내 기억 속에 두 사람은 아직까지도 오래오래 머물러 있다.

벗을 경쟁자로만 여기면 그를 쓰러뜨리거나
내 발밑에 두고 승리감을 맛보려 한다.
그건 이미 벗의 사귐이 아니다.
앞에 있을 때는 끌어주고
뒤에 있을 때는 밀어주는 게 벗이다.
벗이 고마운 건 그가 있어 내 삶이 외롭지 않으며,
함께 가는 길이 도탑고 아름답기 때문이다.

나눌수록 커지는 것

누군가를 사랑할 때 정성을 쏟는 것만큼

아름다운 것은 없다

드웨인 존슨Dwayne Johnson, 1972~이라는 할리우드 배우
는 원래 프로레슬링 선수였다. 예전에 WWEWorld Wrestling
Entertainment, 미국의 프로레슬링 단체에서 활약하던 그의 모습을
기억하는 이들도 꽤 있다. 그는 나중에 영화계에 진출하여
매력적인 모습을 연기하며 많은 인기와 부를 얻었는데, 평
소 다양한 선행을 베푸는 것으로도 유명하다. 그가 근육질

몸매를 자랑하는 배우에만 머무르지 않은 것은 그가 지닌 인격의 향기 때문이다.

어느 날 드웨인 존슨은 템바 고림보Themba Gorimbo, 1991~가 운동하고 있는 체육관을 찾아왔다. 아프리카 짐바브웨 출신의 UFCUltimate Fighting Championship, 미국의 종합격투기 대회 선수인 템바 고림보는 달랑 7달러를 들고 미국에 왔다. 어린 나이에 부모를 여읜 그는 열여섯 살부터 생계를 위해 고되기로 악명 높은 마랑게 다이아몬드 광산에서 일했다. 하지만 광산에서 일해 번 돈만으로는 생계를 해결할 수 없게 되자 몰래 다이아몬드를 채광해서 빼돌리려다 경찰에 걸리고 말았다. 경찰은 재미 삼아 저먼 셰퍼드를 풀어 그를 공격하게 했다. 개는 즉시 그에게 달려들어 물어뜯기 시작했다. 살점이 뚝뚝 떨어져나가고 온몸은 상처투성이가 되었다. 너무나 많은 피를 흘려 거의 죽음에 내몰렸으나 다행히 목숨은 건졌다. 그는 나중에 이 일을 이렇게 회상했다.

"내 몸은 그때 개에게 물린 상처로 가득하다. 그날 밤 나는 운 좋게 살았지만 완전히 다시 태어났다."

그의 몸에는 지금도 그 흉터가 고스란히 남아 있다. 정신이 번쩍 든 고림보는 제대로 살아야겠다는 생각에 그

동안 모은 돈을 다 털어서 미국으로 가는 비행기 티켓을 샀다. 남은 돈은 달랑 7달러뿐이었다. 우여곡절 끝에 미국에 도착했지만 가진 돈이 없으니 막막했다. 그는 우연히 2008년 개봉한 영화 〈겟 썸〉을 보고 종합격투기에 관심을 갖게 됐고 파이터로 성공하여 돈을 벌겠다는 목표를 세웠다. 그의 나이 열아홉 살 때였다. 고림보는 훈련을 시작했고 열심히 노력했다. 성공을 위해 목숨 걸고 달려들었던 그에게서 재능을 발견한 사람들이 그를 도왔고, 치열한 노력 끝에 고림보는 마침내 UFC에 데뷔한 뒤 승리를 거머쥐게 된다. 드디어 자기 힘으로 큰돈을 번 것이다. 7천 달러의 거금이었다.

단돈 7달러가 전 재산이었던 젊은이가 두둑한 파이트 머니를 손에 쥐었을 때 얼마나 뿌듯했을까. 멋진 차도 사고 싶고 집을 구하는 데에 쓸 생각도 들었을 것이다. 그러나 그는 상금과 함께 자신이 경매에 내놓은 물건을 판매해 얻은 돈까지 얹어 짐바브웨 고향 마을에 물 펌프를 설치하는 데에 사용하도록 돈을 보냈다. 이는 결코 쉬운 결정이 아니었을 것이다. 덕분에 고향 사람들은 깨끗한 물을 마실 수 있게 되었지만 템바 고림보는 여전히 살 집이 없어서 체육관 한구석 소파에서 생활하고 있었다. 그는 어렵게 생활하면서 아직 짐바브웨에 있는 가족들을 미국으로 데려오기 위해 계속해서 열심히 훈련에 몰두했다.

　드웨인 존슨이 고립보의 체육관을 방문한 것은 그 소식을 듣고 난 뒤였다. 자신도 프로레슬러와 배우로 성공하기까지 힘겨운 나날을 견뎌야 했기에 고립보의 삶에 깊이 공감했다. 무엇보다 고립보가 자신의 힘으로 번 파이트머니를 스스로를 위해 쓰지 않고 더 어려운 고향 사람들을 위해 기부했다는 사연을 듣고 매우 감동했다. 고립보가 머무는 체육관에 들러 짧은 인사를 나누고 멋진 이벤트까지 벌인 존슨은 고립보에게 갑자기 지인을 소개시켜주겠다며 자신의 차에 태웠다. 존슨은 고립보를 어떤 집으로 데려갔다. 고립보는 누구의 집인지 전혀 몰랐다. 처음 가는 집이었는데 사람 기척이 전혀 느껴지지 않는 게 이상하기는 했다. 그런데 거기에서 고립보는 자신의 가족사진을 발견했다. 그는 의아한 표정으로 존슨을 바라볼 수밖에 없었다. 그 모습을 본 드웨인 존슨은 미소를 짓더니 집 열쇠를 고립보에게 건네면서 이렇게 말했다.

　"사실 이건 당신의 집이에요. 당신의 집에 온 걸 환영해요. 가족과 함께 이곳에서 지내요."

　이윽고 드웨인 존슨은 냉장고 안에서 '템바 고립보의

집'이라고 적힌 액자를 꺼내 그에게 건네며 축배를 들었다. 드웨인 존슨은 템바 고림보가 원하는 한 언제까지든 집의 임대료와 관리비를 자신이 지불하겠다고 약속했다. 고림보는 감동해서 존슨을 뜨겁게 껴안으며 말했다.

"반드시 챔피언이 되겠습니다."

그러고는 말을 이었다.

"당신 덕분에 집을 구할 비용이 해결되었네요. 앞으로 제가 돈을 벌면 그 돈으로 또 짐바브웨에 물 펌프를 설치하도록 할 거예요. 어려운 사람들을 돕겠습니다."

며칠 후 드웨인 존슨은 자신의 트위터를 통해 고림보에게 다음과 같은 메시지를 보냈다.

"자네가 새로운 집에서 가족과 함께 행복했으면 좋겠어. 내가 자네에게 이 집을 선물한 진짜 이유를 항상 명심하며 주변 사람들을 돌보길 바라. 자네의 7달러짜리 여정에 비하면 나의 선물은 약소하지만 함께 할 수 있어서 영광이네. 언젠가는 UFC 챔피언이 되는 꿈이 이루어지길 바라며, 집에 온 것을 환영하네!"

드웨인 존슨 역시 과거 은행 계좌에 7달러밖에 없던 시절을 경험했다고 한다. 존슨이 설립한 영화사 이름이

'세븐벅스 프로덕션'인 배경이다. 드웨인 존슨은 고림보와의 일을 인스타그램에 사진과 영상으로 올리며 "세븐벅스 저니(7달러 여행)"라고 썼다. 그렇게 해서 고림보에게 베푼 선행이 세상에 알려졌다.

평소에도 드웨인 존슨은 많은 선행을 베풀어왔다. 2023년 할리우드 배우조합은 인공지능 도입에 따른 배우의 권리 보장, 재상영 배급, 기본임금 인상 등을 계약 조건으로 제시했으나 넷플릭스와 디즈니 등 대형 영화사로부터 거부당하자 파업을 단행했다. 당시 촬영을 중단했던 많은 배우가 경제적 어려움에 직면했다. 그때 드웨인 존슨은 주연이 아닌 배우들을 위해 '7자리 숫자'의 거액을 기부해서 감동을 주었다. 그의 기부로 최대 10만 명의 할리우드 배우조합 회원들에게 혜택이 돌아갔다. 덕분에 수천 명의 배우들이 끼니를 제공받고 그들의 자녀들 역시 안전하게 보호받으며 버틸 수 있었다. 할리우드 배우조합은 그의 관용과 동정심 그리고 결단력에 감사를 표했다.

"배우조합은 이 역사적 기부로 혜택을 받게 될 수천 명의 회원들을 대신하여 진심으로 감사의 뜻을 전합니다. 배우조합 회원들은 최대 1,500달러의 지원을 받을 수 있습니다. 건강 문제나 중대한 위험이 있는 경우 긴급 재정 지원으로 최대 6,000달러를 받을 수 있습니다. 드웨인 존슨의 놀라운 선행은 어려움을 겪는 배우들에게 희망의 등불이 되며, 불확실한 경제적 환경에서 엔터테인먼트 산업을 하나로 모으고 있습니다."

공자의 제자 안회는 안빈낙도의 모범이었다.
소박하고 청빈한 삶은 존경스럽다.
그러나 가난을 이겨내는 데 그치지 않고
그것을 겪었던 아픈 경험을 잊지 않고 돌려주는
진정한 부자는 감동을 준다.
돈을 제대로 쓰는 모습은 보는 것만으로도 행복하다.

작은 선행이 만들어낸 기적

밥이나 한번 먹자는 말,
상투적 인사가 아닐 수 있다

일본 작가 구리 료헤이栗 良平, 1954~의 《우동 한 그릇》
은 어느 추운 겨울날, 한 우동집에서 일어나는 가슴 따뜻해
지는 사연을 이야기로 엮은 책이다. 훗날 작가 구리 료헤이
의 추문이 폭로되면서 지금은 일본에서도 완전히 잊힌 작
가와 작품이 되었지만,《우동 한 그릇》은 어디서나 생길 수
있을 법한 내용이어서 잔잔한 감동을 주기에는 충분했다.

실제로 이 이야기는 실화를 바탕으로 쓰였다고 한다.

　1972년부터 매년 북해정이라는 한 음식점에 섣달그믐날 밤마다 한 어머니와 두 아들이 찾아와 소바(메밀국수)*를 주문한다. 그렇게 매해 같은 날 소바 한 그릇을 시켜 셋이 나눠 먹는다. 그 모습이 안쓰러웠던 나머지 식당 여주인은 소바 한 그릇을 서비스로 주자고 하지만 남편인 주방장은 그런 게 어디 있냐며 거부한다. 그러나 자신이 한 말과는 달리 그는 면을 삶을 때 이미 반 그릇만큼의 양을 더 넣는다. 공짜로 한 그릇을 더 주는 건 세 모자의 자존심을 상하게 할지 모른다고 생각했기 때문에 식당 여주인의 말을 거절한 것이었다. 그렇다면 왜 한 그릇 양이 아닌 반 그릇만큼만 면을 몰래 추가해줬던 걸까? 그건 한 그릇 양만큼 면을 더 넣어주면 너무 티가 나서 그 가족들이 부담스러워 할지도 모르기 때문이었다. 이와 같은 식당 주인의 세심한 배려는 읽는 이들의 마음을 따뜻하게 어루만졌다.

　그러던 어느 해 섣달그믐날, 세 모자는 이번에도 어김

---

* 　일본 사람들은 연말에 '토시코시소바年越しそば' 메밀국수를 먹는다. 이 음식이 한국인들에게는 익숙하지 않기 때문에 번역자가 해당 단어를 그대로 옮기는 대신, 따뜻한 국물과 함께 먹는 일본식 면 요리로 잘 알려진 '우동'으로 번역한 것으로 짐작된다.

없이 그 식당을 찾아왔는데 놀랍게도 이번에는 소바를 두 그릇 주문했다. 가장이 사고로 세상을 떠난 뒤 남기고 간 빚을 모두 갚은 날이었다. 맛있게 음식을 먹으며 동생 아이는 나중에 일본에서 최고로 손꼽히는 소바 가게 주인이 되는 것이 꿈이라고 말했다. 그런데 그 다음 해부터 세 모자는 이 가게를 찾아오지 않았다. 하지만 식당 주인은 가게를 리모델링하면서도 당시 세 모자가 앉았던 테이블은 그대로 남겨뒀고 그 사연이 사람들에게 차츰 알려지면서 이 식당은 유명해졌다. 그리고 다시 또 몇 해가 흘렀다. 이윽고 섣달그믐날이 되었고 식당 주인은 (예약된, 그러나 정작 주인공은 여전히 나타나지 않는) '주인'을 기다리는 테이블이 올해는 과연 채워질까 기대 반, 의구심 반인 마음으로 식당을 지키고 있었다. 그때였다. 나이 든 부인과 청년 둘이 가게로 들어오더니 그 자리에 앉았고 세 그릇의 소바를 주문했다. 주인이 잠시 멍하니 서 있자 손님이 말했다.

"당신이 그토록 기다리던 손님이 왔는데 주문 안 받고 뭐해요?"

우리나라에도 이와 비슷한, 그러나《우동 한 그릇》처럼 실화를 바탕으로 지어낸 이야기가 아닌, 실제로 일어났던 감동적인 일화가 하나 있다. 바로 '철인7호 치킨 홍대점' 이야기다. 이곳의 사연은 코로나 팬데믹으로 우울하던 시기에 있었던 일이라서 그 훈훈함의 깊이가 더하다. 코로나의 공포가 전 세계로 퍼지던 2020년 초, 어린 나이에 부모를 잃고 할머니를 모시며 초등학생 동생과 함께 어렵게 살던 고등학생 김 모 군은 그야말로 '먹고살기 위해' 나이까지 속이면서 온갖 힘든 아르바이트로 근근이 돈을 벌고 있었다. 어느 날 일곱 살 터울의 어린 동생이 치킨을 먹고 싶다고 떼를 썼지만 소년의 손에는 달랑 5,000원이 전부였다. 소년은 일단 망원시장 치킨 골목에 가서 창피함을 무릅쓰고 치킨 5,000원어치만 주실 수 있냐고 물어봤지만, 씁쓸하게도 많은 치킨집이 이 소년의 요청을 거절했다. 가뜩이나 코로나로 파리를 날리고 있는데 어린 소년이 뜬금없는 요구를 해오니 누구라도 그랬을 것이다. 그렇게 가는 가게마다 번번이 퇴짜를 맞다가 마지막에 들른 곳이 바로 철인7호 치킨 홍대점이었다.

그 가게의 박재휘 사장은 코로나로 장사가 안 되어서 밤중에 가게에 앉아 망연히 밖을 보고 있던 참이었다. 그런데 형제로 보이는 아이들이 손에 5,000원을 들고 입구에서 머뭇거리고 있기에 우선 들어오라고 했다.

"형제였어요. 누가 봐도 닮았거든요. 그중 작은 꼬맹이가 소리치는데 여기가 (치킨) 골목이잖아요. '치킨! 치킨!' 소리치더라고요. 그러고 나서 옆에 서 있는 친구를 보게 됐는데 조금 큰 아이는 주먹은 꽉 쥐고 있고, 입은 앙다물고 있어요. 근데 구구절절 설명을 듣지 않아도 딱 무슨 상황인지 이해가 가더라고요."

이윽고 형제는 가게 안으로 들어왔고, 형으로 보이는 소년이 말했다. 치킨을 5,000원어치만 줄 수 있겠느냐고. 모기 소리만큼 꺼져가는 목소리였을 것이다. 사장은 형의 손에 쥐어진 5,000원짜리 지폐를 보고선 메뉴판을 보여주지 않고 그 집에서 제일 맛있는 메뉴를 내놨다.

"메뉴판은 일부러 안 줬어요. 저희 집에서 제일 맛있는 걸로 해주고 싶어서. 홀에 손님도 없었고 충분히 안에서 편하게 먹을 수 있을 것 같아서 들어와 먹으라고 했죠."

당시 박재휘 사장이 운영하던 가게도 코로나 때문에 매출이 반토막 난 상태였고, 월세도 못 내고 있었다. 심지어 식자재 대금 납부도 밀려서 재료 주문도 못하는 상황이었다.

어린 두 형제의 형은 치킨을 먹는 내내 불안했다. 딱 봐도 양이 많아 잘못 주신 것 같다고 했는데 가게 사장님은 치킨 식으면 맛없다며 콜라도 두 병이나 주고 얼른 먹으라고만 했다. 어른이 주시니 먹기는 했지만 자신의 주머니에는 달랑 5,000원뿐이라 시간이 흐를수록 소년의 등에서는 진땀이 흘렀다. 형제가 치킨을 다 먹고 나자 사장님은 치킨값은 영수증을 뽑아둘 테니 나중에 와서 계산하라고 하며 사탕 하나씩 쥐어주고 5,000원이라도 내겠다는 형제를 쫓아내듯 돌려보냈다. 소년은 다음 날 가게를 찾아가 계산하려 했지만 사장님은 오히려 큰 소리로 역정을 내며 돈을 받지 않았다. 철없는 동생이 형 몰래 이 치킨 가게를 몇 번 더 찾아가 공짜로 치킨을 얻어먹었다는 사실도 나중에 알았다. 심지어 어떤 날은 치킨 가게 사장님이 동생의 덥수룩한 머리를 보곤 미용실로 데려갔는데 미용실 원장님도 사정을 눈치채고 돈을 받지 않았단다. 소년 가장인 형은 두고두고 치킨 가게 사장님이 고마웠다. 무엇보다 어리고 힘든 자신에게 아무 대가 없이 사랑을 베풀어준 어른이 있다는 게 너무나 고맙고 행복했다.

그 뒤로 1년이 지났다. 형은 코로나 때문에 자영업자들이 힘들다는 뉴스를 TV에서 보면서 자연스레 그 치킨 가게 사장님에 대한 걱정이 앞섰다. 소년은 그 치킨 가게의 프랜차이즈 본사로 자신의 사연과 감사의 마음이 담긴 손편지를 보냈다. 얼마 후 방송에서 이 소식이 보도되었고 해당 방송국의 유튜브 채널에 올라온 뉴스 클립 편집본이 인터넷에 퍼지면서 많은 사람이 이 사연을 알게 되었다. 그리고 큰 감동을 받은 사람들의 이른바 '돈쭐내기'가 줄을 이었다.

"강원도입니다. 치킨은 먹은 걸로 하겠습니다. 혹여 영업에 지장이 있을까 두렵지만 실천해봅니다. 부디 너그럽게 용서하시길…… 나중에 꼭 방문하겠습니다. 그때까지 몸 건강하시길 기도합니다."

"금방 치킨 주문했습니다. 여기는 부산이라 아쉽지만 치킨은 못 먹을 듯하네요. 만들지 마세요. 세상에 사장님처럼 선한 사람이 더 많아지길 바랍니다. 비록 소액이지만 돈쭐내드리고 싶습니다. 파이팅!"

박 사장님의 치킨 가게로 주문이 폭주했다. 어떤 사람은 나중에 그 형제들 오면 먹이라고 선결제를 하고 가기도 했다. 본사에서도 1천만 원어치의 관련 상품을 지원했다. 오히려 너무 많은 주문 때문에 잠시 가게 문을 닫아야 할

지경이었다. 박 사장은 후원 목적의 주문으로 생긴 돈 약 300만 원과 손님들이 직접 찾아와 건네준 후원금 약 200만 원에 자신의 돈 100만 원을 보태 총 600만 원을 결식아동 및 취약계층 지원을 담당하는 마포구청 복지정책과 꿈나무지원사업에 기부했다. 이를 두고 사람들이 칭찬하자 그는 자신이 하는 기부가 아니라 전국의 마음 따뜻한 분들이 하는 기부라며, 이렇게 대신해서 선행을 베풀 기회를 주셔서 고맙다고 말했다.

"1년 가까이 저를 잊지 않고 제 마음에 답해준 형제에게 제가 더 감사합니다. 언젠가 다시 만나고 싶습니다. 본사도 협조해 형제를 찾는 중입니다."

그는 형제에게 언제든지 가게를 다시 찾아와도 좋다고 했지만, 형제는 더 이상 오지 않았다 한다. 신세를 진 것이 죄송스러워서 더 이상 찾지 않는 것인지, 아니면 다른 곳으로 이사를 갔는지는 알 수 없는 일이었다.

내가 여러모로 마음속 깊이 존경하는 사람이 교회 청년들과 공부하는 봉사를 한다. 그이는 공부를 마치면 청년들이 안쓰럽기도 하고 따뜻한 밥이라도 챙겨 먹이고 싶어서 근처 식당에 데리고 간단다. 만만한 비용은 아니지만,

그 한 끼 밥이 청년들에게 위로가 되고 힘이 될 수 있다고 생각하면 마다할 일이 아니더란다.

어느 주일, 여느 때처럼 공부를 마치고 식당에 가서 맛있는 족발을 시켰는데 김이 모락모락 나는 게 먹음직했단다. 그 사람은 딱히 족발을 좋아하지는 않았지만 청년들이 그게 먹고 싶다 하여 족발 가게를 찾은 것이다. 그는 평소 지치고 힘들어 보이며 말도 별로 없는 청년을 일부러 옆에 앉히고 음식이 나오자 많이 먹으라고 도닥여줬다. 그런데 그 청년이 음식을 먹다가 눈물을 주르륵 흘리더란다.

"이보게, 아무리 음식이 맛있다고 해도 사나이가 그것 때문에 울면 되겠니?"

말은 그리 말했지만, 청년이 눈물을 흘린 까닭을 금세 알 수 있었단다. 사고로 몸을 다친 아버지가 일을 못하게 되자 어머니가 대신 일하러 나갈 수밖에 없었고, 그 청년은 아직 취업한 상태가 아니니 따뜻한 밥이나 음식을 먹는 일이 흔치 않았을 것이라고 여겼단다. 갓 쪄낸 족발이 그 청년의 입에 들어갔을 때 그가 느낀 것은 음식의 맛이 아니라 삶의 온기였을 것이다.

지인은 그때 새삼 깨달았다고 고백했다. 누군가에게 따뜻한 음식을 마련해주는 것, 그것이 바로 오병이어의 기

184

쁨이라고. 기적은 바로 그런 기쁨을 서로 나누고 키우는 것이라고. 그는 그런 귀한 깨달음을 가져다준 그 청년이 고맙고 애틋해서 늘 기도 중에 기억한다고 말했다. 얼마나 많은 사람이 사는 게 바쁘고 버거워서 따뜻한 음식을 만들어 소중한 이와 함께 즐겁게 식사하는 행복을 누리지 못할까!

예수는 왜 자신을 찾아온 이들에게 그냥 돌아가라 하지 않고 그들을 배불리 먹였을까? 만약에 거기 모인 이들이 부자들이었더라도 과연 그랬을까? 하루 한 끼니를 해결하는 게 늘 걱정거리인 사람들에게는 굶지 않는 것 자체가 최고의 행복임을 알았기에 그이들에게 한 끼의 행복이라도 마련해주고 싶어서 그랬으리라.

성경 속 오병이어의 본질은 단순히 물고기 두 마리와 떡 다섯 덩이로 수천 명이 먹고도 남았다는 데 있지 않다. 그 물고기 두 마리와 떡 다섯 덩이는 한 엄마와 아이의 한 끼 식사였을 터. 하지만 다른 사람과 더불어 나누기 위해 한 가족의 한 끼 식사를 기꺼이 내놓은 사랑이 바로 이 기적의 본질이다. 인간인 우리가 적은 분량의 음식을 엄청난 양으로 늘리는 기적을 행하는 것은 불가능하다. 그러나 나보다 어려운 상황에 처한 누군가를 위해 기꺼이 내가 지닌 약간의 것을 내놓을 수는 있다. 이런 작은 실천이 우리가 삶 속에서 행할 수 있는 진짜 기적이 아닐는지.

측은지심, 공감, 연대.
그것이 바로 기적의 가능성이다.
어떤 이는 그저 따뜻한 한 끼에도 감동의 눈물을
흘린다는 것만 기억한다면,
기적은 우리에게도 언제나 일어날 수 있는 일이다.

이웃을 아는
가장 좋은 방법은

제3부

내가

이웃이 되는 것이다

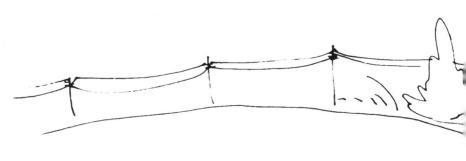

다른 사람의 입장에 서서

　　그의 삶을 공감할 수 있는 것 자체가 용기이며 연대다.

고랭지 밭에 따뜻한 가을볕이 쏟아졌다

혼자 가면 빨리 갈 수 있지만

함께 가면 멀리 갈 수 있다

갑자기 배춧값이 폭등했다. 평소 같으면 포기당 1,000~2,000원 안팎이던 게 겨우 며칠 만에 1만 원을 훌쩍 넘더니 금세 도저히 제정신으로는 살 엄두도 내지 못할 만큼 값이 치솟았다. 없는 살림에도 김치는 꼬박꼬박 식탁에 올려야 하는 까닭에 이러지도 저러지도 못하는 서민들 가슴에는 시린 멍이 들었다. 정부는 뒤늦게 부랴부랴

중국에서 배추를 수입하겠다고 호들갑을 떨었지만 이미 치솟은 가격은 꿈쩍도 하지 않아 사람들의 속은 까맣게 타들어갔다.

동료 교사들이 김 선생을 부러워하는 것도 무리는 아니었다. 그는 스무 포기나 되는 배추를 포기당 달랑 2,000원에 샀기 때문이다. 그가 이런 작은 횡재를 누린 건 충청북도 증평의 어느 농촌 마을과 여러 해 전부터 단골을 터서 꾸준히 다양한 농산물들을 구입해온 덕분이었다. 이왕이면 농사짓는 이들에게 작게나마 도움이 되고 싶어 김장철이 되면 여러 사람들과 함께 그곳에서 직거래로 배추를 사서 김장을 해왔다. 김장철 외에도 계절마다 그때그때 배추가 필요하면 같은 곳에 주문해서 배달을 받아왔다. 그게 농부들에게 얼마나 큰 힘이나 도움이 되는지는 모르겠지만, 열심히 길러낸 채소들을 헐값에 떠넘겨야 하는 농심이 안쓰러워서 중간 유통 마진이라도 그분들께 돌아가야 하는 게 아닐까 하여 시작한 일이었다. 그러는 동안 그는 한 번도 값을 흥정하지 않고 농부들이 부르는 가격으로 지불했다. 그러나 이번에는 워낙 폭등한 배춧값에 김 선생도 내심 걱정이 태산이었다. 그런데 배추 산지의 이장님으로부터 먼저 연락이 온 것이다.

"선생님, 무와 배추 몇 포기씩 보내드릴까요?"

김 선생은 선뜻 대답하지 못했다. 무서워서 차마 값이 얼마인지 물어볼 엄두가 나지 않았다. 그의 머뭇거리는 기색을 눈치챈 듯 이장님이 얼른 말을 이었다.

"예년처럼 드릴 수는 없지만 포기당 2,000원씩만 쳐 주세요."

"네? 아니, 이장님, 그렇게 싸게 파셔도 되나요? 싸게 주신다니 저야 고맙고 송구하지만 그래서는 안 될 것 같습니다."

진심에서 나온 말이었다. 농사짓는 이들을 돕는다는 마음으로 여러 해 동안 농산물을 꼬박꼬박 제값을 치르며 사왔는데 오히려 농부들이 큰 이익을 남길 수 있는 기회를 빼앗는 것만 같아서 마음이 복잡했다. 농사짓는 게 얼마나 힘든지 잘 알고 있는 데다 요즘 농사라는 게 무슨 투전판처럼 도무지 예측 불가능한 일이 된 지 오래 되었고, 그 우환은 고스란히 농부들이 떠안는다는 걸 누구보다 잘 이해하고 있는 김 선생으로서는 난감했다. 그러나 이장님은 조금도 망설이지 않고 대답했다.

"항상 우리 배추를 사주셔서 저희를 도와주셨으니 이번에는 저희가 그 은덕을 갚을 차례지요."

상대가 미안해할까 봐 일부러 크게 너털웃음까지 지어낸 이장님의 마음이 전화기 너머로 그대로 엿보였다. 그렇게 해서 스무 포기의 배추와 적당량의 무를 그야말로 헐값에 살 수 있었다. 김 선생과 그 친구들이 내년에도, 또 내후년에도 그 마을의 배추를 구입하리라는 것은 분명한 일이었다. 서로 어려울 때 위로와 희망이 될 수 있다는 건 참고마운 일이다. 어쩌면 그들이 주고받은 것은 배추와 무가 아니라 사랑과 우정일 것이다.

강원도에서 고랭지 배추 농사를 짓는 농부 장우영 씨는 배추밭을 볼 때마다 흐뭇하기도 하고 안타깝기도 했다. 여름 막바지에 때 아닌 폭우가 며칠 동안 이어지면서 대부분의 밭에서는 배추가 속을 채우지 못하고 심지어 뿌리까지 썩어가는 통에 농사를 통째로 망쳤다. 그런데 그의 밭에서 키운 배추들은 그런 자연재해에도 끄떡없이 기특하게 잘 자라줘서 고맙고 흐뭇했다. 그러나 그런 흐뭇함 한편으로는 아쉬움도 컸다. 일찌감치 밭떼기로 값을 미리 받아두었기 때문이다.

보통 밭떼기 계약을 할 때는 대부분 끝돈을 제법 남겨두고 셈한다. 혹시라도 가격이 폭락하면 매입하지 않는 게 오히려 상인들로서는 이익이 되기 때문이다. 하지만 농부 우영 씨는 밭떼기 계약을 할 때 마침 목돈이 필요했던 까닭에 우겨서 끝돈 없이 배춧값을 전부 받아냈다. 다행히 그와 이태 전부터 거래하던 도매상 윤철훈 씨는 두말없이 그리했다. 그렇게 절박하게 부탁하는 걸 보니 필시 급히 돈이 필요한 것이 분명한 듯해 덜컥 동의한 것이었다. 이재에만 밝은 상인이라면 일언지하에 거절했을 텐데 사람 좋은 그는 잠시 고민하더니 "그럽시다"라고 했던 것이다. 그러니 아무리 김치가 금치가 될 정도로 배춧값이 오를지언정 우영 씨에게 돌아올 몫은 없었다. 그에게는 배춧값이 하늘 높은 줄 모르고 치솟는다 해도 그저 남의 떡일 뿐이었다.

"아무리 농사 잘 지어봐야 이제 남 좋은 일만 하는 거 아냐?"

옆에서 그런 말을 할 때마다 농부 우영 씨의 한탄과 시름은 더 깊어졌고, 그것은 다시 좌절과 체념으로 변했다. 목돈이 필요해서 미리 선불로 당겨 쓸 수밖에 없던 현실이 야속하기도 했다. 우리나라 농업이 대부분 그런 면이 있기는 하지만, 특히 고랭지 농사는 의외로 도박에 가까운 면들이 많다. 터지면 대박이고 잘못하면 쪽박인 경우가 허다하다. 농부 우영 씨는 몇 해 전 큰마음을 먹고 농협에서 융자를 얻어 땅도 늘리고 시설에도 투자했다. 그래도 이태 중 한 해만 농사에 성공해도 제법 큰 이익을 남길 수 있어서 쉽게 포기할 수도 없었다. 재작년 때 아닌 폭설로 고랭지 일부에 설치했던 비닐하우스들이 폭삭 주저앉아 큰 손해를 입고 빚만 잔뜩 떠안아야 했는데, 다행히 작년에 무탈하게 농사를 지을 수 있어서 제법 묵직한 수입을 올려 겨우 그 빚을 갚았다.

그런 일을 겪은 후 그는 더 이상 '한 방에 대박'을 꿈꾸는 일은 마음에서 접었다. 배춧값을 안전하게 밭떼기로 처리한 이유다. 여기저기 수소문해보니 올해 배추 작황이 다들 좋아서 큰 이익을 남기기는 어렵다고 판단한 것도 이런 결정에 한몫했다. 만에 하나 '지나친' 풍년이라도 나면 자칫 뽑지도 못한 채 배추밭을 갈아엎어야 할지도 모를 일이었다. 주변 작황을 보니 그 판단과 결정이 잘한 것이라는 생각에 스스로를 대견하게 여기고 있었다. 그런데 어쩐 일인지 다른 곳들이 뜻하지 않은 날씨로 농사를 망치면서 배춧값이 천정부지로 폭등한 것이다. 예상과 달리 펼쳐진 상황에 속이 쓰리다 못해 구멍이 날 지경이었다.

마침내 잘 자란 그의 배추가 밭을 떠나야 할 날이 왔

다. 도매상 철훈 씨의 얼굴에는 행복이 넘치는 표정이 가득했다. 미리 값을 치른 덕에 그야말로 헐값에 배추를 사서 금값에 팔게 되어 엄청난 이익을 얻을 수 있게 되었으니 그럴 만도 했다. 그런 큰 이익을 볼 수 있는 건 10년에 한 번 있을까 말까 한 일이니 어찌 기쁘지 않겠는가. 거의 로또에 당첨된 수준이었다.

철훈 씨를 보며 우영 씨는 겉으로는 미소로 인사를 건넸지만 속으로는 배가 아팠다. 차곡차곡 트럭에 쌓인 배추와 비교되는 텅 빈 밭이 자기 심정 같았다. 마침내 떠날 채비를 마친 트럭에 시동이 걸렸다. 우영 씨는 그 모습을 차마 보고 싶지 않아서 눈길을 돌렸다. 그때 철훈 씨가 우영 씨에게 다가왔다. 그는 안주머니에서 봉투 하나를 꺼내 건넸다.

"농사 잘 지어줘서 고맙습니다. 이 배추로 저도 이젠 빚을 모두 갚을 수 있게 되었습니다."

"아니, 이미 계산은 마치지 않았드래요? 그런데 이건……"

뒷말을 잇지 못한 건 어리둥절하기 때문이기도 했고, 철훈 씨가 그의 말을 자르고 들어온 때문이기도 했다.

"나도 농사짓던 사람입니다. 너무 힘들어 처가 도움을

받아 장사로 나섰어요. 장사꾼들 야박하고 야속할 때 많지요? 사실 장사하는 사람 마음도 다르지 않아요. 저도 농사 짓는 마음 잘 압니다. 저야 이번 파동으로 제법 이익을 보겠지요. 그렇다고 무작정 좋아라 할 수만은 없네요. 남들의 낭패로 얻는 이익이니 말입니다. 이거 큰돈은 아닙니다만 제 마음이라 여기시고 받아주세요."

생각지도 못했던 일이라 사람 좋은 농부 우영 씨는 어쩔 줄 모른 채 건네진 봉투를 거절도 못하고 냉큼 받지도 못하고 엉거주춤했다.

"내년에도 배추 잘 키워주세요. 잘 내다 팔겠습니다. 그리고 이건 우리 사이에서 셈 밖의 끝돈이라 생각하고 받아줘요. 자, 그럼 내년에 또 봅시다. 건강하세요."

얼른 차에 올라탄 철훈 씨가 손을 흔들며 떠났다. 그제야 농부 우영 씨는 봉투를 열어봤다. 거기에는 100만 원짜리 수표 석 장이 들어 있었다. 그는 얼른 휴대전화로 철훈 씨를 불렀다.

"아니, 이렇게 많은 돈을 주면 어케요. 난 많아야 30만 원쯤 되는 줄 알았드래요."

"하하! 나는 덕분에 돈 많이 벌잖아요. 농사 망친 분들께 술 한잔 사세요."

일하다 보면 손해를 볼 때도 있다. 특히 이미 도박판처럼 되어버린 농사일은 더더욱 그렇다. 농부였다던 도매상 철훈 씨는 재작년 배춧값이 폭락해서 밭을 갈아엎을 때도 일부러 찾아와 트랙터 기름값으로라도 보태 쓰라고 10만 원을 주기도 했던 사람이었다. 대다수 상인이 끝돈 내주지 않으려고 나 몰라라 내뺄 뿐인데 그는 참 미련한 상인이었다. 어쩌면 그런 착한 심성 때문에 이번에 큰 몫을 챙기는 것일지도 모르니 참 다행이라고 우영 씨는 생각했다.

김치가 금치가 되니 그제야 배추 고마운 줄 알게 된다. 식탁에 늘 오르는 김치는 곧 농심農心이다. 그리고 가끔은 거기에 정직하고 따뜻한 상인의 도톰한 마음까지 곁들여지기도 한다. 배추가 떠난 강원도 고랭지 밭에는 따뜻한 가을볕이 가득 쏟아지고 있었다.

누군가의 불이익을 담보로 한 행복을 탐하지 않는 것, 그것만 지켜도 공정하고 정의로울 수 있다.

세상에서 가장 아름다운 2등

진정한 연대는 마음이 셈보다 앞서고
옳은 행동은 망설이지 않는 것이다

1968년 10월 12일부터 27일까지 멕시코 수도 멕시코
시티에서 제19회 하계올림픽이 개최되었다. 당시는 전 세
계적으로 어수선한 시기였다. 프랑스를 중심으로 유럽을
휩쓴 이른바 '68혁명'의 불꽃도 꺼지고, 체코슬로바키아에
서 일어난 '프라하의 봄'은 소련군의 침공으로 무참히 짓
밟혔다. 마지막 남은 식민지들에서는 독립전쟁이 지속되

며 제국주의의 태양이 지고 있었고, 미국에서는 인류 역사상 가장 오랫동안 억압받았던 여성들이 평등과 해방을 외치며 투쟁했다. 또한, 링컨이 노예해방선언을 한 지 100년이 지났음에도 불구하고 여전히 인종차별 문제가 시끄러웠고 많은 유색인종이 고통받았으며 이에 끈질기게 저항했다. 마틴 루서 킹 주니어 목사의 워싱턴 행진과 멤피스에서의 암살은 인종차별을 둘러싼 대립의 정점이었다. 그럼에도 올림픽은 어김없이 치러졌고 사람들은 스포츠에서 위로와 희망을 발견하고 싶었다.

그런 상황에서 다수의 흑인(아프리카계 미국인, Afro-American)선수들은 과연 자신들이 올림픽에 참가하는 것이 타당한지에 대해 회의적이었다. 이에 캘리포니아 산호세주립대학교의 사회학자이자 코치였으며 민권운동가인 해리 에드워즈 교수가 '인권을 위한 올림픽 프로젝트 Olympic Project for Human Rights, OPHR'의 결성을 주도했다. 당초 그는 미국의 인종차별을 세계에 알리기 위해 흑인 선수들이 올림픽 참가를 거부해야 한다고 주장했다. 하지만 미국 올림픽위원회의 압력과 올림픽을 위해 여러 해를 바친 선수들의 권리를 무시할 수는 없었다. 결국 이들은 멕시코올림픽에 참가할 수밖에 없었다. 하지만 '화이트 아메리카'

의 광대가 되는 건 거부하기로 다짐했다.

　이와 같은 배경을 뒤로하고 올림픽 남자 육상 200미터 경주에서 한 편의 강렬한 드라마가 연출되었다. 당시 세계신기록으로 금메달을 딴 토미 스미스Tommy Smith, 1944~와 동메달을 딴 존 카를로스 John Carlos, 1945~는 목에 스카프와 묵주를 두르고 양말 차림으로 시상대에 올랐다. 성조기가 게양되고 미국 국가가 연주되는 동안 두 사람은 고개를 숙이고(1936년에 개최된 베를린올림픽에서 본, 마라톤 금메달리스트 손기정의 고개 숙인 모습에서 영감을 받았다고 한다) 검정 장갑을 낀 주먹을 하늘로 치켜들었다. 이른바 '블랙 파워 설루트Black Power Salute'였다. 신발을 신지 않은 양말 차림은 흑인에 대한 린치와 빈곤을, 스미스가 목에 두른 검은 스카프는 흑인의 자존심을, 카를로스의 묵주는 백인우월주의자들에게 린치당한 흑인들을 위한 기원을, 검정 장갑은 '블랙 파워'의 위대함을, 오른손은 흑인의 힘을, 왼손은 흑인의 단합을 상징했다. 그들이 하늘로 치켜든 검은 장갑을 낀 주먹은 흑인에 대한 인종차별을 방관하고 있는 미국을 비롯한 전 세계를 향한 무언의 저항이자 고발의 몸짓이었다. 이 퍼포먼스는 훗날 '검정 장갑 사건'으로 불리게 된다(반대 진영은 '불온한 해프닝'으로 불렀다).

올림픽 사상 처음 발생한 이 사태는 많은 사람을 당혹케 했다. 두 선수의 행위는 정치적 태도 표명을 금지한 올림픽헌장에 위배된다는 비판이 쏟아졌고, 미국 내 백인들은 자신들의 치부를 세계에 드러냈다며 분노했다. 정작 왜 그들이 그런 행동을 했는지, 그 행동의 의미가 무엇인지, 무엇을 반성해야 하는지는 외면했다.

두 선수의 짧은 돌발 행동에 관중들이 당황스러움을 감추지 못하는 중에 은메달리스트였던 오스트레일리아의 피터 노먼Peter Norman, 1942~2006은 얼른 상황을 파악하고 그들과 연대한다는 뜻을 표현하고 싶어서 관중석으로 달려가 동그란 OPHR 배지를 얻어 가슴에 달고 다시 시상대에 올랐다. 노먼은 백인 선수였지만 두 흑인 선수들의 항의에 동조하고 연대한 것이다. 당시로서는 파격적인 행동이었다.

"나도 너희들과 함께 하겠다."

그는 두 흑인 선수의 OPHR 배지를 가리키며 말했다.

"너희들의 신념을 나도 강하게 믿고 있다."

그러면서 자신의 가슴에 단 배지를 손으로 짚으며 말했다.

"나도 인권운동을 지지하고 여기에는 나의 역할도 있다."

인권을 위한 올림픽 프로젝트 배지를 단 세 선수가 메달을 목에 걸고 시상대에 서자 백인 관중들은 거센 비난과 야유를 쏟아냈다.

그러나 이후 다른 미국의 백인 선수들까지 나서서 그들을 지지하는 성명을 발표하자 '블랙 파워 설루트'는 빠르고 강력하게 인종차별 문제를 부각시키는 퍼포먼스로 주목받았다.

당시 백인우월주의에 사로잡혀 '백호주의白濠主義, White Australia Policy'를 고수하던 오스트레일리아에서는 여러 언론이 노먼을 처벌하라는 요구를 담은 기사와 칼럼 등을 쏟아냈다. 그러나 감독 줄리어스 패칭은 그 요구를 단호하게 거부했다. 그는 자신의 선수가 내보인 용기를 부당하게 억압하려는 자국 정부와 언론의 폭력에 의연하게 대응했다. 피터 노먼은 어릴 적부터 아버지와 함께 차별받는 유색인종 극빈자들을 위해서 무료 급식을 실시하는 등 인권운동에 적극적이었다. 피터 노먼은 자신의 행동에 대한 자국 정부의 모욕적인 대우는 물론이고, 오스트레일리아 체육회 그리고 상당수의 국민들로부터 비난을 받을 수밖에 없었다. 사건 이후 그는 오스트레일리아 대표팀에서 제외되었을 뿐만 아니라 모든 대회의 출전 기회를 박탈당하는 등

과도한 문책을 받고 경원시되었다. 결국 선수와 코치로 자리를 잡지 못하고 여러 팀을 전전하다가 나중에는 정육점에서 일하는 등 생활고에 시달렸다.

오스트레일리아 스포츠계는 궁색한 처지로 몰린 그에게 유혹의 손길을 내밀었다. 멕시코올림픽 시상식에서 보인 스미스와 카를로스의 행위를 비난하면 그를 복권시켜주겠다는 제의였다. 이런 제안이 수차례나 반복되었다. 그때마다 피터 노먼은 조금도 주저하지 않고 단칼에 모든 제안을 거절했다. 당시 백인 중심의 오스트레일리아는 이처럼 올곧았던 피터 노먼과 그의 가족들을 사회에서 철저하게 소외시키며 대가를 치르게 만들었다. 올림픽 메달리스트였지만 조국으로부터 버림받은 채 홀로 고독에 맞서며 분투하던 피터 노먼은 우울증과 알코올 의존증을 앓으며 힘겹게 살다가 2006년 64세의 나이에 심장마비로 쓸쓸히 사망했다. 그의 장례식 때, 스미스와 카를로스는 오스트레일리아로 날아가 그의 관을 함께 들었는데 가슴 아픈 한편, 감동적인 장면이었다.

흑인 선수들이 지배하기 시작한 육상 종목에서 백인으로, 그것도 오스트레일리아 선수로는 드물게 은메달을 획득한(그의 기록은 지금껏 오스트레일리아에서 깨지지 않고 있

다) 피터 노먼이 그 퍼포먼스에 동참하지 않았다면 어떤 삶을 살았을까? 아마 고국에서 영웅으로 추앙받으며 부와 명예를 얻었을 것이고 더 큰 야망을 실현할 기회도 충분히 얻었을 것이다. 그러나 그는 그런 것들을 외면하고 자기 안의 신념을 따르는 삶을 선택하며 위대한 용기를 보여주었다.

피터 노먼이 죽고 나서야 사람들은 그의 고결한 행동을 기억에서 소환했다. 스미스와 카를로스가 참석한 노먼의 장례식 모습을 보고서야 과거 자신들의 행동을 부끄럽게 여기게 된 오스트레일리아 국민들은 이내 정부를 강하게 비난하기 시작했다. 2006년 오스트레일리아 올림픽위원회는 50여 년 전 노먼이 보여준 용기 있는 행동을 기려 그에게 국가 최고 영예인 공로훈장을 추서했다. 오스트레일리아 정부는 뒤늦게나마 그를 추모하며 그날의 용기 있는 행동을 결코 잊어서는 안 된다고 기림으로써 생전에 그가 겪은 어려움에 대한 미안함을 표했다. 사실 오스트레일리아 정부와 올림픽위원회는 노먼에게 노골적인 방해와 압력을 가함으로써 그의 삶을 곤궁하고 비참하게 만든 장본인들이었다. 당연히 이들의 뒤늦은 추모는 변명처럼 보일 수밖에 없었다. 오스트레일리아 정부는 1972년 뮌헨올림픽 당시 노먼이 국가대표로 선발되었지만 그를 올림픽에 출전시키지 않았다. 이에 대해 오스트레일리아 정부가 공식적으로 사과문을 발표한 것은 그가 죽은 지 여러 해 지난 뒤인 2012년의 일이었다. 오스트레일리아 의회도 노먼이 인종차별에 대한 국제적 관심을 환기시킨 것을 두고 언론과 경기단체로부터 지나친 배척을 당하는 등 너무 가혹한 처벌을 당했다며 사과했다. 그동안 오스트레일리아 올림픽위원회는 자신들이 노먼에게 불이익을 줬다는 사실을 줄곧 부인해왔다. 오스트레일리아 올림픽위원회가 뒤늦게 공식적으로 사과한 것도 2008년에 노먼의 조카인 팻 노먼 감독이 〈설루트〉라는 다큐멘터리를 제작하면서 그의 일화가 전 세계인들에게 다시 회자되자 어쩔 수 없이 이루어진 일이다.

2005년 캘리포니아 산호세주립대학교에는 스미스와 카를로스의 동상이 세워졌다. 학생회는 인종차별에 반대하는 용기 있는 행위를 한 이 선각자들을 기리며 "두 사람의 행동을 세상에 밝히고 알려야 한다"라고 이야기하며 동상 제막의 목적을 천명했다.

두 사람의 동상은 올림픽 시상대 위에 오른 모습으로 만들어졌는데, 이 중 2위 자리는 비워진 상태로 제작되었다. 그 자리는 은메달리스트인 피터 노먼의 자리였다. 동상 제막은 노먼이 죽기 바로 전해에 이루어졌고, 노먼은 '블랙 파워 설루트'를 그 자리에서 바로 지지하며 이 퍼포먼스의 의미를 세상에 널리 퍼지게 만든 인물이었으므로 동상 제작에 관해 노먼의 의사를 묻는 것은 당연했다. 그런데 노먼은 자신의 자리는 비우라고 당부했다.

"제 자리는 비워두십시오. 누구나 이 위대한 흑인 선수들과 함께 사진을 찍을 수 있도록 말입니다."

그는 끝까지 명예로운 사람이었다. 자신은 그 퍼포먼스에서 전혀 중요한 사람이 아니며 동상을 본 사람들이 그 자리에 서서 자신이 무엇을 할 수 있는지 생각할 기회를 가졌으면 좋겠다는 게 노먼의 바람이었다. 피터 노먼은 끝까지 겸손했고 의연했으며 올바른 가치에 대한 신념을 포기하지 않았을 뿐 아니라 다음 세대 사람들에게 용기를 북돋워주고 싶어 했다. 동상의 빈자리는 세상에서 가장 아름다운 2등의 자리일 것이다. 올림픽에서 2등을 기억하는 경우는 거의 없다. 그러나 은메달리스트 노먼의 사연은 그어떤 1등의 금메달보다 아름답고 감동적이다. 멕시코올림픽에서 보여준 두 흑인 육상선수의 용기와 피터 노먼의 의연한 연대와 신념은 오랫동안 사람들의 마음속에 각인되

었다. 두 흑인 선수가 보여준 블랙 파워 설루트 퍼포먼스
는 미국 내에서 자행되던 인종차별의 부당함을 전 세계에
보여준 위대한 퍼포먼스였다. 하지만 우리는 이와 더불어
그들의 퍼포먼스에 공감하고 연대한 피터 노먼의 용기와
의연함도 잊지 말아야 한다. 그의 연대로 인해 이들의 퍼
포먼스는 영원히 기억될 수 있게 되었으니 말이다.

다른 사람의 입장에 서서
그의 삶을 공감할 수 있는 것 자체가
용기이며 연대다.

음악이라는 구원

누군가에게서 희망을 빼앗지 마라,
가진 것의 전부일 수도 있으니

지금은 세계적인 음악가나 오케스트라가 우리나라를 찾는 일이 너무나 흔해졌지만 꽤 오래전에는 연례행사에 가까울 정도로 드문 일이었다. 그나마 가까운 일본에서 공연한 뒤 부록처럼 잠시 들르는 경우가 대부분이었고, 심지어 일본에서만 공연하고 돌아가는 경우도 많았다. 이제는 일부러 내한공연을 기획하는 일도 많아졌고 오직 한국에서만 공연하는 경우도 드물지 않다.

2008년 가을 베를린 필하모닉 오케스트라(이하 '베를린 필')가 우리나라를 찾아와 공연한다는 소식은 많은 클래식 팬들의 마음을 설레게 했다. 워낙 세계적으로 유명한 오케스트라여서인지 가장 좋은 자리의 티켓 가격은 거의 50만 원에 가까워(당시로서는 엄청난 고가였다) 엄두도 내지 못하고 그저 입맛만 다셨던 이들도 많았다. 나 역시 애당초 베를린 필 공연 관람을 꿈도 꾸지 않았다. 다만 이제는 베를린 필이 대한민국을 찾을 만큼 우리의 국력이 좋아졌구나 하는 만족감으로 족했다. 그런데 공연 소개 내용 중 내 눈길을 끄는 게 있었다. 그들이 마련한 매우 특별한 행사에 대한 안내였다.

베를린 필이 소외 계층 청소년 400명을 리허설 공연에 초대한 것이었다. 그런 세계적인 공연을 살면서 한 번이라도 보게 되리라고는 꿈도 꿀 수 없던 가난한 청소년들에게 그 초대는 엄청난 행복과 충격이었을 것이다. 특히 리허설 공연은 음악에 관심이 있는 학생들에게는 더할 나위 없이 좋은 최고 수준의 음악 교육이었을 것이다. 또한, 클래식에 무관심한 학생들에게는 신선한 충격과 함께 좋은 길잡이가 될 수 있을 것이기에 더더욱 뜻깊은 행사였다. 이러한 초대는 베를린 필 지휘자 사이먼 래틀_{Simon} _{Rattle, 1955~}경의 음악관과 인생관이 빚어낸 것이다.

래틀은 이렇게 말했다.

"음악을 나누는 것은 어떤 이익을 위해서가 아니라 그 자체로 너무나 당연한 일입니다."

"부유한 계층이 아닌 사회적 약자들에게도 최대한 많은 음악적 영향을 주어야 합니다."

"비싼 티켓 가격 때문에 연주회에 오지 못하는 청소년들을 위해 리허설을 무료로 개방하고 싶습니다."

매일 오전 리허설 때마다 400명의 청소년들이 초대되었다. 서울에서 멀리 떨어진 부산 마리아수녀회에서 운영하는 아동복지시설인 '부산 소년의 집 관현악단' 아이들도 그렇게 베를린 필 연주회 리허설에 참석할 수 있었다. 두 시간 반의 리허설 동안 아이들은 일반 연주회에서는 맛볼 수 없는 음악적 밀도를 느끼며 예술의 아름다움과 위대함 그리고 삶의 따뜻함을 함께 배웠을 것이다. 사회적 약자들에 대한 배려와 애정이 이보다 더 아름답게 나타난 음악회가 또 있을까?

사이먼 래틀 경은 아주 독특한 이력의 지휘자다. 타악

기 신동으로 이름 날리던 그가 열아홉이라는 어린 나이에 지휘자로 변신했을 때, 많은 이들은 그저 특이한 지휘자쯤으로만 생각했다. 그도 그럴 것이 고등학교를 졸업하고 리버풀칼리지에 진학하면서 타악기 그룹을 결성하여 본인이 직접 지휘했던 것이 시작이었으니 말이다. 이후 그는 런던 왕립음악원에 편입하여 타악기뿐 아니라 바이올린과 피아노, 지휘를 배웠는데 피아노와 지휘를 두고 진로를 고심하다가 피아노 연습량을 두고 교수와 이견을 좁히지 못하자 피아노 수업을 그만두고 지휘에 집중하게 되었다고 한다. 래틀은 중도에 자퇴하고 다른 길을 알아보려고도 했다고 한다. 그런 방황을 거쳐 3학년을 마친 후, 1974년 영국 본머스에서 열린 존 플레이어 국제 지휘자 콩쿠르에 참가하여 우승을 차지한 것이 그의 삶을 바꿨다. 이 콩쿠르에서 우승한 덕분에 래틀은 본머스 심포니 오케스트라의 부지휘자가 되었다. 그가 콩쿠르에서 우승할 수 있었던 밑거름은 과거에 자신이 타악기 주자로 활동했던 머지사이드 청소년 오케스트라에서 지휘자로 3년간 활동하면서 쌓은 실전 경험 덕분이었다고 한다. 쉽게 말해 그는 이른바 '엘리트 코스'를 거쳐 입성한 지휘자가 아니었다.

1975년 뉴 필하모니아 오케스트라를 지휘하면서 지

휘자로 데뷔한 래틀은 이후 로열 리버풀 필하모닉 오케스트라를 거쳐 버밍엄시티 심포니 오케스트라의 상임 지휘자로 활발한 활동을 펼쳤다. 그리고 마침내 모두가 세계 최고라고 인정하는 베를린 필하모닉 오케스트라의 상임 지휘자가 되기에 이른 것이다. 그는 보수적인 악단에 다양한 현대음악을 레퍼토리로 넣으면서 신선한 충격을 주기도 했다. 강한 카리스마로 압도하던 이전 상임 지휘자 카라얀과 달리, 래틀은 바로 직전 상임 지휘자였던 클라우디오 아바도처럼 온화하고 개방적이며 유머와 싹싹함이 묻어나는 사람이었다. 게다가 그는 비즈니스 감각도 뛰어나고 열정적인 사람이었다. 주로 독일 음악 스페셜리스트로 명성을 날리던 베를린 필이 다양한 국가의 현대음악을 계속해서 레퍼토리로 쌓아가고 있는 것도, 어쩌면 오케스트라를 이끌고 있는 그의 개방적이고 진취적인 사고 덕분일 것이다.

베를린 필과 사이먼 래틀이 이틀 동안 우리나라에 머물며 아름다운 공연을 한 것도 멋진 일이었지만, 이들이 소외 계층의 청소년들을 초대해 자신들의 연주를 들려준 것은 분명 넘치는 행복을 가져다준 사건이었다. 이런 행사를 기획할 수 있었던 것은 이들의 내면에 음악에 대한 진정한 사랑과 사람에 대한 배려가 있었기 때문이다. 리허설 공연을 본 아이들이 얼마나 행복했을까!

음악은 단순히 정서를 위안해주는 데에 그치지 않는다. 음악은 사회를 바꿀 수도 있다. 엘 시스테마El Sistema는 베네수엘라의 음악 교육재단이다. 이 재단은 마약과 범죄에 찌든 빈민가 아이들에게 음악을 가르쳐 교화시키는 것으로 유명하다. 엘 시스테마는 1975년 베네수엘라 빈민가의 허름한 차고에서 시작되었다. 오르간 연주자이며 경제학자이자 정치가였던 호세 안토니오 아브레우Jose Antonio Abreu, 1939~2018 박사와 그의 동료들이 가난과 폭력에 찌든, 길거리 아이 11명에게 악기 연주를 가르친 것이 엘 시스테마의 첫걸음이다.

서른여섯 살의 아브레우 박사는 슬럼가 아이들이 어떻게 살고 있는지 확인하기 위해 직접 찾았다가 충격을 받았다. 예닐곱 살의 아이들이 마약을 하거나 운반하고, 권총 강도질까지 서슴지 않는 장면을 목격한 그는 어떻게 하면 아이들을 도울 수 있을지 고민했다. 그런 상황을 방치하면 베네수엘라의 미래는 없다고 생각한 그는 빈민가 주차장에서 11명의 아이들에게 음악을 가르치기 시작했다.

원하는 악기를 무상으로 제공하는 시스템을 마련하고 독주가 아닌 합주 형태로 가르쳤다. '함께' 연주하면서 호흡을 맞추고 서로 소통하고 연대하는 힘을 자연스럽게 키우게 한 것이다. 이 운동의 반응과 결과가 좋다는 사실이 널리 알려지자 오케스트라에 가입하는 아이들이 갈수록 늘어났다. 자연스레 오케스트라 편성도 대규모로 확장되었으며 40년 뒤에는 엘 시스테마에서 배출한 청소년과 유소년 오케스트라가 180여 개에 달할 정도였다.

19세기 남미 대륙을 스페인의 지배로부터 해방시킨 전설적 혁명가 시몬 볼리바르의 이름을 딴 시몬 볼리바르 오케스트라는 엘 시스테마의 악단 중 최고 실력을 자랑하는 오케스트라다. 시몬 볼리바르 오케스트라뿐 아니라 카라카스 오케스트라도 엘 시스테마를 통해 성장한 유망한 교향악단이다. 음악을 전공한 사람도 아닌, 빈민가 동네 꼬마들을 모아 그런 오케스트라를 만들겠다는 야무진(?) 꿈을 얼마나 많은 사람들이 비웃었을까? 그러나 엘 시스테마는 끝내 기적의 오케스트라를 만들었고 꿈의 음악을 실현했다. 그렇다면 무엇이 이런 기적을 가능하게 했을까? 범죄와 마약을 해결하기 위한 선택을 실행한 엘 시스테마는 '전과 5범'인 아이에게 클라리넷을 손에 쥐어주었다. 훗날 그 아이들이 이렇게 말했다.

"악기를 들고 도망치지 않을 거라고 믿어준 것이 놀라웠어요."

"여기서 모든 시간을 보내고 나니, 음악이 생명이에요. 다른 것은 없어요. 음악은 삶입니다."

아브레우 박사는 훗날 테드TED 강연에서 이렇게 말했다.

"가난의 가장 비참하고 비극적인 부분은 빵이나 지붕의 부족이 아니라 아무도 아닌 것 같은 느낌입니다. 아무도 아닌 것 같은 느낌, 정체성의 부족, 대중의 존경심의 부족입니다. 그것이 오케스트라와 합창단 활동을 통해 아이들의 발달 과정에서 그들에게 고귀한 정체성을 제공하고 가족과 공동체의 롤모델로 만들게 한 이유입니다. 이 활동은 아이들이 학교생활을 하는 데 도움이 될 책임감, 인내심, 시간 엄수 등에 관한 영감을 주기 때문에 이들을 학교에서 더 나은 학생으로 만듭니다."

아브레우 박사가 지닌 이러한 믿음이 희망을 현실로 만들었고, 누구에게나 기적이 가능하다는 사실을 입증했다. 엘 시스테마 출신 가운데 가장 유명한 인물이 세계적인 지휘자 구스타보 두다멜Gustavo Dudamel, 1981~이라는 데에는 이견이 없다. 그가 지휘를 업으로 삼게 된 일화는 무척 흥미롭다. 어느 날 두다멜이 오케스트라에서 바이올린을 연주하고 있었는데, 지휘자 선생님이 연습에 나타나지 않자 동료 친구들이 등을 떠밀어 그가 지휘를 하게 되었다. 그런데 뒤늦게 온 선생님이 그의 실력을 눈으로 확인하고 난 뒤부터 그에게 오케스트라의 지휘를 맡겼다고 한다.

아브레우 박사는 이런 두다멜을 세계적인 지휘자로 성장시켜 아바도, 래틀, 곽승 같은 훌륭한 지휘자들에게 지휘를 배우도록 했으며 그의 해외 투어 공연 때마다 동행했다. 2018년 아브레우 박사가 사망했을 때 두다멜은 "나의 멘토이자 엘 시스테마의 아버지인 그분께 영원한 감사와 사랑을 전한다"라고 추모했다. 그가 사망했을 때 베네수엘라 신문이 내건 헤드카피는 다음과 같았다.

"빈민 아이들에게 음악의 구원을 주고 떠났다."

엘 시스테마는 이제 베네수엘라에서만 해도 100만 명에 가까운 학생들이 참여하는 대규모 프로그램으로 발전했을 뿐만 아니라 국경을 넘어 전 세계로 확산되었다. 남미 전역은 물론이고 미국 대도시의 빈민가에도 엘 시스테마가 전파된 것을 비롯해 세계 30여 개국으로 퍼져나가

각국 유소년 음악교육에 큰 영향을 끼쳤다. 아브레우 박사는 엘 시스테마의 가장 큰 성과는 소외 계층 청소년들에게 자존감을 심어준 것이며, 그 자존감은 시민정신으로 자리잡아 베네수엘라의 마약과 빈곤 문제 등을 해결하는 데 큰 도움을 주었다고 생전에 말했다. 물론 엘 시스테마가 베네수엘라의 경제에 직접적으로 도움을 준 부분은 없다. 베네수엘라 내의 마약과 빈곤 문제는 오늘날에도 여전하다. 그러나 아브레우 박사와 그의 엘 시스테마가 가난한 아이들에게 희망과 행복을 준 것만으로도 이미 너무나 큰 역할을 했다는 데에는 누구도 이견을 달지 않는다.

엘 시스테마는 음악이 결코 부자들의 전유물이 아니라는 사실을 보여주었다. 엘 시스테마의 행보가 감동적인 이유는 음악이 가난한 이들을 새로운 꿈과 미래로 이끌 수 있고, 나아가 세상을 따뜻하게 품을 수 있는 위대한 무기임을 알려주었기 때문이다.

사이먼 래틀, 호세 안토니오 아브레우는 힘없고 가난한 사람들로 하여금 이들이 진정한 삶의 가치를 깨닫고 스스로 그 가치를 실현할 수 있는 길을 마련할 수 있도록 애쓴 사람들이다. 이들은 예술이나 교양이 그들에게 자존감과 희망 그리고 무한한 가능성을 줄 것이라는 믿음을 실천

했다.

1970년대 중반 국립극장에서는 연간 티켓을 팔면서 특별히 청소년을 위한 염가의 티켓을 판매했다(물론 공연장 맨 뒷자리였지만). 더불어 여러 차례 리허설 공연에 초대하는 행사도 기획해 제공했다. 아직도 그때의 감동이 애틋하여, 나는 다시 또 그런 프로젝트가 부활했으면 좋겠다.

가난한 이들도 음악을 누릴 수 있도록 사랑을 베풀어주는 사회. 그것이 바로 진정한 예술의 의미이자 가치이며 아름다움일 것이다. 그렇게 따뜻한 마음으로 누구나 함께 예술을 누리고 나눌 수 있는 일들이 많은 세상이라면 분명 희망을 가져도 좋을 것 같다.

공자는 제나라에서 소韶 음악 연주를 듣고 오랫동안 고기 맛을 모르고 지냈다며 "음악의 즐거움이 이런 정도에 이를 줄 생각하지 못했다"라고 했다.
가난하고 어려운 아이들에게도 그런 기회를 마음껏 누릴 수 있게 해주는 사회를 나는 꿈꾼다.
이런 사회가 영영 다다르지 못할 꿈일 까닭은 없다.

우리도 언젠가는 장애인이 된다

편견을 버리기에
너무 늦은 때는 없다

이집트에는 피라미드를 지키고 있는 거대한 상이 있다. 바로 스핑크스다. 그 스핑크스가 지나가는 사람들에게 수수께끼를 냈다.

"아침에는 네 발, 낮에는 두 발, 저녁에는 세 발로 걷는 것은 무엇인가?"

우리는 답을 이미 잘 알고 있다. 소포클레스의 《오이

디푸스》를 통해 그 답을 전해 들었기 때문이다. 정답은 바로 우리 '인간'이다. 이 이야기는 이제 너무 뻔해서 아무런 지식이나 상식의 가치조차 없어 보이는 일화가 되었다.

그러나 나는 최근 여기에 깊은 뜻이 담겨 있다는 걸 깨달았다. 세 발로 걷는다는 것, 즉 늙어서 지팡이를 딛고 다닌다는 의미의 숨은 다른 속뜻을 말이다. 어쩌면 지팡이를 딛는 이는 장애인을 일컫는 게 아닐까. 보조 장치 없이는 제 힘으로 똑바로 서지도 걸을 수도 없는 지체장애인이라면 더욱 그렇다.

우리는 장애를 선천적인 것, 또는 사고에 의해서 생긴 불행한 결과쯤으로만 여기곤 한다. 그런데 스핑크스의 물음 속에는 누구나 나이가 들면 제 몸 하나 마음대로 간수하기도 어렵다는 상황 인식이 깔려 있다. 거기에는 인간이라면 누구나 늙으면 저절로 장애인이 된다는 깊은 속뜻이 담겨 있음을 뒤늦게 깨닫는다.

《가방 들어주는 아이》,《아주 특별한 우리 형》등 수많은 동화를 써온, 작품에 장애인을 꼭 등장시키는 독특한 문학세계를 형성한 고정욱 작가를 언젠가 인간학 특강 강연자로 섭외한 적이 있다. 그는 학교에 와서 우리나라 장애인의 현실을 강의하면서 이렇게 말했다.

"대부분의 사람들은 비장애인으로 나서 자라다가 장애인으로 늙어가고 죽습니다."

그 말을 듣고 정신이 번쩍 들었다. 우리나라의 장애인은 거의 500만 명쯤 된다고 한다. 전체 인구의 10퍼센트라는 건데 이 수치는 충격적이기까지 하다. 그 정도 비율로 장애인이 많음에도 불구하고 이들의 존재는 사람들 눈에 잘 띄지 않는다. 그들이 밖에 나갈 엄두를 내지 못하는 것은 사람들의 불편한 시선이 부담스럽기 때문이라고 한다. 이들을 일컬어 이른바 '재가在家 장애인'이라고 한다.

예전보다 나아지고 있다지만 여전히 우리 사회는 장애인에 대한 관심과 배려가 부족하다. 장애인들의 이동권을 보장하라는 요구를 외면하는 것은 물론이고, 그들이 지하철역을 점거하며 시위를 벌이자 시민들을 볼모로 자기 욕심만 챙긴다며 눈살 찌푸리는 게 현실이다. 한 정당의 대표였던 청년 정치인이 그들을 비난하는 장면은 충격적이었다. 무엇보다 그를 추종하는 젊은 청년들이 그와 같은 생각을 공유하지 않을까 두렵기까지 했다. 어디 그뿐인가. 서울시장이란 자도 여기에 동조한다. 나 조금 편하고 빠르자고 나보다 훨씬 힘들고 어려운 사람들에게 공공장소엔 얼씬도 하지 말라고 엄포를 놓는 건 고약한 폭력이다. 장애인의 이동권 요구가 어째서 반시민적이고 폭력적인가? 몸이 불편하면 집에 '처박혀' 지내면서 다른 사람들에게 피해를 주지 말아야 하는가? 왜들 이리 마음 씀씀이가 각박해졌을까 싶어 애통하다.

어떤 학교에 장애인 학생이 입학하면 학교 당국이 노골적으로 싫어하는 내색을 비치기도 한다. 한두 학생을 위해 많은 비용을 들여 장애인을 위한 시설을 마련해야 하기 때문이다. 하지만 설령 그런 학생이 없다 하더라도 학부모를 비롯해 학교에 찾아오는 손님들 가운데 장애인이 없으리라는 법은 없다. 전체 인구의 10퍼센트가 장애를 겪고 있다는 점을 고려하면 우리 사회는 정말이지 장애인의 인권에 너무 무심하고 무례하다. 만약 자기 자식이나 가족들 가운데 장애인이 있다면, 그렇게까지 무책임하고 무심하지는 않을 것이며 그런 처사에 분노할 텐데 말이다.

고정욱 작가가 자신의 작품 속에 늘 장애인을 등장시키는 건 바로 그런 무감각에 대한 호소와 책망을 담기 위해서라 여겨진다. 왜냐하면 그 자신이 1급 장애를 안고 살아가기 때문이다. 사실 고정욱 작가를 초청했을 때 민망한 일이 있었다. 그분이 강의할 대형 강의실이 있는 건물은 최신 시설을 자랑하는 신축 건물이었다. 국제학술대회를 비롯한 거의 모든 프로그램을 수행할 수 있는 강의실은 볼 때마다 뿌듯한 마음이 절로 들 만큼 훌륭했다. 엘리베이터와 램프도 잘 설치되어 있었고, 그 밖에도 장애인을 위한 꼼꼼한 배려들이 제법 돋보이는 건물이었다. 그런데 아뿔싸! 교단에 경사로가 없었다. 장애인 수강생은 염두에 두었으나 장애인 강연자는 생각지도 못했던 것이다. 학교에 장애인 교수도 몇 분 계셨지만 고정욱 작가처럼 휠체어를 타고 다니지 않아서 그랬을까?

국제장애인연맹 이사이기도 하고 장애인들을 위한 새날도서관을 만들기도 한 고정욱 작가는 자신이 강연하러 다니는 곳마다 휠체어가 다닐 수 있는 경사로가 마련되었는지 아닌지 모두 기록해두고 있었다. 어떤 시골의 초등학교에서는 처음 맞이하는 장애인 강사를 위해 200여 만 원을 들여 강당 무대로 오르는 경사로를 만들기도 하고, 건물 입구 계단에도 그것을 설치해 감동한 경우도 있었단다. 그런 배려만으로도 장애인을 대하는 우리 사회의 태도가 많이 발전했다는 느낌이 들기도 했단다.

그러나 어떤 곳에서는 계단이 낮아서 괜찮다고 생각했는지 따로 경사로를 준비하지 않고 아무렇지도 않게 '번쩍 들어드리겠다' 하는 경우도 많더란다.

"내가 시쳅니까? 들어 올리게?"

그는 바로 그 '들어 올린다'라는 말이 너무나 싫다고 비판했다. 그래서 절대로 비장애인들이 자신을 들어 올리게 내버려두지 않는다고 했다. 그런데 정작 최신 시설을 두루 갖춘 그 강의실 교단이 그의 휠체어로는 도저히 접근 불가능한 철옹성 같았으니, 그 말에 나는 주최 측으로서 얼마나 낯이 뜨거웠던지!

세상의 어떤 일들은 몸소 겪어보지 않으면 모른다. 비장애인들이 장애를 지니고 사는 사람들 또는 그들의 가족을 보면서 장애 없이 살아가는 것만으로도 얼마나 감사한 일인지 새삼 깨닫고 위로받는 것은 어쩌면 너무 비겁하고 천박한 자기 위안이다. 그런 감정을 느끼는 대신 그이들이 장애를 가진 몸으로도 이 사회에서 온전한 삶을 누릴 수 있도록 손을 내밀고 보듬고 손잡아 세워줄 마음을 가져야 한다. 그런 마음조차 없는 게 진짜 장애다.

나 조금 불편하고 손해 본다는 생각만 앞서 장애를 지닌 이들을 외면하는 것도 모자라 대놓고 꺼지라며 차마 사람으로서 해서는 안 될 행동조차 거리낌 없이 해대는 우리 자신을 먼저 부끄러워해야 한다.

내 강의를 듣던 학생 중 중증 장애를 지닌 학생이 있었다. 그럼에도 그는 지각 한 번 하지 않고 열심히 수업에 참여했다. 토론 시간에도 잘 알아들을 수 없는 발음이지만 주눅 들지 않고 최선을 다해 자신의 의견을 발표하는 그 친구를 보면서 더욱더 열심히 강의해야겠다는 자극도 받았다. 그런데 학생들이 조별 토론을 할 때 처음에는 그 친구와 같은 조가 되는 걸 꺼려하는 눈치였다. 몸은 뒤틀리고 말은 알아듣기 어려우니 토론할 때 답답하고 힘들 거라는 걸 알기 때문이었다. 그래서 나는 그 친구가 속한 조에는 특별히 당부했다.

"일부러 도와주려고 애쓰거나 과잉 친절을 베풀지 말고 똑같이 대하되, 끝까지 진지하게 들어주고 함께 토론하며 생각을 나누면 서로 배우는 것이 많을 거네."

다행히 처음에는 데면데면하던 학생들도 금세 친해져서 꼭 수업 시간이 아니더라도 서로 농담도 하고 눈치껏 돕기도 했던 터라 속으로 그런 학생들에게 늘 고마웠다. 시간이 흐르자 학생들은 그 친구에 대한 존경심까지 갖게 되었다. 자기네들은 그저 생각이 떠오르는 대로 곧바로 말하고 표현할 수 있지만, 장애를 지닌 친구는 한 문장을 내놓기 위해 온몸을 다해 애써야 한다는 걸 알게 되었기 때문이다.

또한, 신체적 장애는 그저 몸이 불편한 것일 뿐 그 자체로 제약이 될 수는 없다는, 제약이 되어서도 안 된다는 큰 교훈도 얻었다. 이처럼 학생들은 일부러 장애인을 도우려 할 게 아니라 이들과 함께 더불어 사는 법을 자연스럽게 익히면, 그 경험으로부터 많은 걸 배우고 얻게 된다는 사실을 어린 나이에 깨닫게 되었다. 그것은 개인적인 차원에서뿐만 아니라 사회적으로도 큰 자산이다.

하루는 수업을 마치고 나오다가 그 학생의 어머니를 만났다. 아침 일찍 아들을 데리고 학교에 오시는 어머니를 몇 번 뵌 적이 있다.

"날도 추운데 어디에서 시간을 보내세요?"

내 물음에 어머니는 수줍게 웃으실 뿐이었다. 아들이 강의를 듣는 동안 멀리 가지도 못하고, 학생 식당이나 휴게실에서 차 한잔 마시고 책을 읽으면서 기다리시는 눈치였다. 연구실에서 따뜻한 커피라도 한잔 대접하려 하자 극구 사양하는 걸 반강제로 모시고 갔다. 어머니는 커피 한잔에 몸 둘 바를 몰라 하셨다.

"교수님들 방에는 처음 들어와 보네요."

어머니가 말씀하시길 중고등학교 때는 한 교실에서 수업을 하니 차라리 나았다고 한다. 그런데 대학에서는 강의실이나 강의동을 계속해서 이동해야 하기 때문에 몇 배로 더 힘들다는 말에 내가 다 미안한 마음이 들었다. 하루 이틀도 아니고 날마다, 아니 이미 12년 넘는 세월 동안 항상 아들을 데리고 학교에 가고 수업 끝나기를 기다렸다가 다시 집으로 데리고 오는 일을 해오셨으니, 보통 정성으로는 어려운 일이리라. 전동 휠체어가 이동할 수 없는 계단이나 턱이 있을 때는 절망스럽기까지 하다는 말에 얼굴이 화끈거렸다.

"그래도 저 녀석이 대학생이 되었다는 게 얼마나 행복한지 몰라요. 꿈만 같습니다. 그 이상 바랄 게 있나요."

그 이상 바랄 게 없다는 건 행복한 만족의 표현이기도 했겠지만, 대학을 졸업해도 취업하는 건 훨씬 더 어렵고, 직장에 다닌다 해도 어떻게 이동시켜야 할지 난감한 건 여전하거나 더 힘들 것이라는 체념이 담긴 듯 느껴져 마음이 무거웠다.

장애아를 키운다는 건 예사롭지 않은 일일 터. 자식을 바라볼 때마다 가슴이 와르르 무너지는 통증을 느껴야 하는 건 어느 정도 견디겠는데, 사회의 무관심과 냉대가 변함없이 야속하다는 속내를 그 어머니가 살짝 드러냈을 때, 나 역시 공범이라는 생각에 부끄러웠다.

"한번은 버스를 타는 데 시간이 걸리니까 승객들이 짜증을 내는 거예요. 그분들께 미안하기도 하고 야속하기도 했습니다."

"특별한 대우를 바라는 거 아니에요. 다만 인간답게 살 수 있는 조건은 마련해줘야죠. 혼자 외출하는 건 거의 목숨을 거는 일이니까요. 이건 장애아를 키우는 부모들의 공통된 심정일 거예요. 누구든지 장애를 가지고 하루만 살아본다면 생각이 조금은 나아지지 않을까 싶답니다."

그렇다고 해서 그 어머니께서 원망과 푸념만 늘어놓으신 건 아니었다.

"내 아이가 과연 제대로 살아갈 수 있을까 하는 걱정을 하고 살았던 때가 많았습니다. 하지만 이렇게 잘 헤쳐나가고 있으니 얼마나 고마운지 몰라요. 하루하루 매 순간이 고맙고 행복하답니다."

그게 어머니의 마음일 것이다. 사람들은 어떤 걸 잃고 나서야 그 가치와 고마움을 아는 경우가 많다. 남들은 안쓰럽고 불쌍하게 생각할지 모르지만 그분은 더 어려웠던 때를 생각하며 지금의 힘겨움을 당당하게 이겨내고 있었다. 단순히 자기보다 처지가 좋지 않은 이들에 자신을 견주며 위로받는 게 아니라, 더 나아지고 있는 현실을 고맙게 받아들이고 있는 모습이 뭉클하고 고마웠다. 그 만남 이후 나의 '인간학' 프로그램에는 장애 체험 과정이 더해졌다.

비록 지금 장애를 겪고 있지 않더라도 우리는 누구나 살면서 어떤 사고를 당해 장애를 떠안을지 알 수 없다. 꼭 사고 때문이 아니더라도 인간이라면 필연적으로 병들고 늙게 되면서 누구나 장애를 겪게 된다. 고대 이집트인들은 스핑크스의 물음을 통해 이미 그 사실을 알고 있었던 건 아닐까? 그런데 정작 많은 것들이 진보하고 발달한 현대에 사는 우리는 그처럼 기본적인 사실조차 까맣게 잊고 지낸다. 어떤 측면에서 진짜 장애인은 심장에 굳은살이 박이고 차가운 피가 감도는 우리 자신이 아닐는지. 장애인 이동권을 주장하는 이들을 매몰차게 외면하는 것으로도 모자라 바쁜 출퇴근 시간에 방해가 된다고 거리낌 없이 욕하는 게 아무렇지도 않은 이런 세상 자체가 장애를 앓고 있는 사회는 아닐는지.

'처지를 바꾼다 해도 모두 그렇다'는 말은
그 입장이 되면 누구라도 그랬을 것이라는
의미이겠지만 과연 그게 쉬운 말일까?
이 말을 다른 각도에서 보자면, 입장을 바꿔봐야

자기가 고집했던 게 얼마나 부실한 것인지
깨달을 수 있다는 뜻으로 해석할 수 있다.
역지사지만 할 수 있어도 인간은
냉혹해지거나 천박하지 않을 수 있다.

남들도 먹고살아야지

달힌 마음의 문은

오직 안에서만 열 수 있다

　친구들과의 산행은 독특한 즐거움이 있다. 바로 그들을 처음 만났던 나이로 되돌아가는 경험을 하는 것이다. 초등학교 친구는 초등학생 시절로, 고등학교 친구는 고등학생 시절로 돌아가게 하고 마음을 단숨에 무장해제 시키는 마법의 힘. 예전에는 꿈도 꾸지 못하던, 훨씬 좋은 장비를 마련해서 산을 오르지만 나이가 들어가면서 숨이 가쁘고 다리가 풀리는 통에 자꾸만 쉬어 가자는 친구들 때문에 산행이 지체되는 경우가 허다하다. 그럼에도 어느 누구 하나 그것을 탓하지 않는다. 그저 함께여서 좋고 그것 하나면 족하기 때문이다. 사람들과 어울려 산행을 하다 보면 마음속으로는 쉬고 싶어도 눈치가 보여서 혹은 자신의 약한 모습을 드러내는 게 내키지 않아서 입을 다물고 산을 오르는 일이 적지 않다. 하지만 친구들, 그것도 함께 나이 들어가는 친구들끼리는 그런 것쯤은 너그럽고 가볍게 받아들이고 헤아리는 사이여서 좋다. 그렇게 잠깐씩 몸은 쉬면서도 입은 쉬지 않는다. 아니, 정확히 말하자면 이때야말로 대화가 활발해지는 시간이다.

"야, 이젠 담배 좀 끊어라. 너는 병원 들락거리면서도 못 끊냐?"

갈수록 흡연자보다 비흡연자가 더 많아지는 추세이다 보니 친구들은 주저하지 않고 흡연자 비난에 가세한다. 꾸지람을 당한 친구는 얼마 전 병원 응급실에 실려가 큰 수술을 받고 오랫동안 입원했었는데 친구들도 그의 병문안을 다녀왔던 터라 걱정하는 마음이 각별했다. 그랬더니 이 친구가 정색을 하고 대꾸한다.

"난 못 끊어. 억울해서 못 끊는다고."

억울해서 못 끊는다고? 이 무슨 해괴한 궤변인가? 그런데 정작 당사자는 아무렇지도 않다는 듯 싱글싱글 웃으며 이죽댄다. 그 궤변에 모든 친구가 어이없어 멍하니 쳐다볼 뿐이었다.

"고등학교 2학년 때였나? 화장실에서 담배 피우다 학생주임 선생님에게 걸렸잖아. 사실은 나 그때 담배 처음 피운 거였다. 재환이가 꼬셔서. 그런데 재수 없게 그날 걸린 거야. 정작 재환이 놈은 걸리지 않았는데. 결국 찍소리 못하고 2주간 정학당했지. 담배 때문에 정학당한 사람이야, 내가. 그러니 억울해서 못 끊는다. 알겠냐?"

우리가 다녔던 고등학교는 미션스쿨이었기 때문에 음주와 흡연에 아주 민감했고 처벌도 가혹했다. 적반하장도 유분수라더니, 그의 말도 되지 않는 변명에 모두들 뒤로 쓰러졌다. 우리는 산에 오를 때나 내려올 때나 내내 서로의 고등학생 시절 비행과 비밀이 까발려지고 용납되는 뻔뻔함을 즐기곤 했다. 군대 얘기나 축구 얘기까지 번지지 않는 게 다행이었다.

정상에 도착해서는 각자 싸 온 다양한 음식과 과일로 배를 꽉 채웠다. 산에서는 취사 금지인 게 천만다행이었다. 안 그랬으면 소 한 마리 끌고 올라가서 뼈만 남기고 너

뜬히 다 먹어치웠을 위인들이었으니. 산에 오르는 내내 서로 앞다퉈 주섬주섬 꺼내고 건네는 음식들을 보면 산중에 하루 묵었다 가도 부족함이 없을 정도였다. 조금이라도 배낭 무게를 줄이려고 서로 먼저 싸 온 음식을 꺼내는 게 경쟁이었다.

그렇게 잔뜩 먹어놓고는 하산 후엔 이내 다시 음식점으로 향한다. 이쯤 되면 등산이 목적인지 음식과 술이 목적인지 구별이 모호하다. 몇몇은 운동하러 왔다가 먹는 게 더 많다며 면박도 주지만, 아무도 먹고 마시는 일을 마다하지 않는 걸 보면 어차피 처음부터 다이어트 따위는 관심조차 없는 산행이었다. 그저 친구들 얼굴 보고 깔깔대는 재미로 뭉친 것이니까.

"내가 좋은 집 알고 있으니 거기로 가자."

숨은 맛집을 제 집 족보처럼 좌르르 꿰고 있는 친구가 이끌고 간 집은 간판도 허름하고 내부는 초라했다. 다른 집들은 '원조'니 '진짜 원조' 또는 '원조의 원조' 따위의 장황한 수식어들을 달고 있는 게 예삿일이고, 하다못해 '○○ 방송 맛집 소개에 나온 집' 같은 상투적인 이름들을 주렁주렁 자랑하고 있었는데 그 집은 조금 달랐다. 아무런 수식어도 없이 그저 반듯하지만 꽤 낡은 간판만 외롭게 걸려 있었다.

　"야, 여긴 뭐야? 좋은 집 데려온다더니, 이제 너도 맛이 갔구나 갔어."

　"원조라는 집들이 수두룩한데 여긴 좀 초라하지 않냐? 다른 집으로 가자."

　문을 열고 들어서기 전부터 여기저기에서 타박이 쏟아지고, 다른 집 추천이 앞을 다퉜다. 그러거나 말거나 그 친구는 그저 웃으며 모든 원성을 무시하고 우리를 그 가게 안으로 우르르 몰고 들어갔다. 그간 그 친구의 맛집 추천은 틀린 적이 거의 없었던 터라 우리는 반신반의하며 소 끌려가듯 따라 들어갔다.

　자리에 앉아 우선 막걸리로 갈증을 풀고 있던 우리 앞에 펼쳐진 음식들은 정말 최고였다. 방금 전 산에서 그렇게 먹고 내려온 까닭에 그다지 배가 고프지 않았는데도 입에 딱 맞았다. 너나없이 먹느라 정신이 없을 정도였다. 덕분에 왁자하게 시끄럽던 입들이 오물거리기에 바빠 잠시나마 조용해졌다.

　"정말 끝내준다. 너무 맛있어!"

　이구동성 칭찬이 이어졌다. 우리를 그 가게로 데려온 그 친구 말에 따르면 그 동네에 가장 처음으로 터를 잡은 집이 바로 이 집이란다. 이후 맛집으로 소문이 나면서 비슷한 메뉴를 파는 가게들이 이 집 저 집 몰려들었다고 했다. 때마침 식당 주인 할머니께서 우리 테이블로 새로운 음식을 가져다주셔서 궁금했던 점을 여쭤봤다.

"할머니, 여기 음식 정말 맛있네요. 아니, 그런데 여기는 왜 그토록 흔한 '원조'라는 말을 쓰지 않으세요? 정작 진짜 원조는 여기라면서요. 굴러온 돌이 박힌 돌 뺀다고, 다른 집들이 너도나도 원조라고 외치는 게 못마땅하지 않으세요? '진짜 원조집'이라거나 '원조 중의 원조'라고 따로 간판이라도 내걸지 그러세요."

그러자 주인 할머니는 그저 웃으며 남 말 하듯 대수롭지 않게 대답하셨다.

"그런 말 굳이 하지 않아도 알 만한 사람들은 다 찾아오는걸. 식당이 맛만 있으면 되지. 그리고 다른 가게들도 먹고살아야 하지 않겠수?"

'다른 가게들도 먹고살아야 한다'라는 주인 할머니의 말씀에 우리는 아무도 대꾸를 할 수 없었다. 왜 그 집에 유독 사람들이 몰리는지, 아무리 손님들이 몰려도 음식 맛이 변하지 않는지 알 수 있을 것도 같았다. 그분의 솜씨보다 마음씨가 음식을 더 맛있게 하는 비결임에 틀림없어

보였다.

어느 공원 근처에 세 가게가 있었단다. 작은 공원을 하나 끼고 같은 장사를 하니 경쟁은 불가피한 일이었을 터. 어느 날 한 가게가 간판을 새로 달았다.

'서울에서 가장 싼 집'

그러자 옆 가게에서 며칠 뒤 보란 듯이 새 간판을 올렸다.

'대한민국에서 제일 싼 집'

사람들은 세 번째 가게의 간판이 궁금했다. 모두들 '세상에서 가장 싼 집'이라고 할 것이라고 짐작했다. 그러나 그 가게의 간판은 이랬다.

'이 공원에서 가장 싼 집'

누구나 남들보다 잘되고 싶고, 나보다 남이 잘되면 속쓰리고 샘이 나는 법이다. 그러나 나만 잘되는 건 더 큰 관점에서 봤을 때 함께 망하는 지름길일 수도 있다. 허풍의 수식어는 때론 애교로 봐줄 일이지만, 가끔은 나만 살겠다는 욕망의 표출로 읽힐 때는 조금 부담스럽기도 한 게 사실이다. 그러한 세태 가운데 아무 말 없이 다른 사람들 사정까지 헤아려주는 마음이 사람들을 정말 행복하게 해준다는 걸 배운 하루였다. 아무리 세상이 각박해졌다고는 하지만 여전히 참 배울 게 많은 세상이고, 본받을 사람이 많은 세상이다. 즐겁고 맛있게 식사를 마친 우리에게 주인 할머니가 계산대 앞에 놓인 사탕을 집어가라셨다.

"괜찮아요. 저는 단것 안 먹어요."

그랬더니 오히려 네댓 개를 성큼 집어 한사코 건네시며 한 말씀 하셨다.

"집에 가는 길에 풀 죽은 아이들 보면 주시구려."

집에 가는 길에 나는 할머니께서 주신 사탕을 주머니 속에서 만지작거리며 혹시 풀 죽은 아이들이 있는지 살폈다. 덕분에 가는 길이 내내 지루하지 않았다.

나 혼자만 잘살겠다고, 나만 권력을 누리겠다고 아등바등하는 사람들이 많다. 권력이든 재산이든 명예든 그저 나만의 것이라고 매달리다 보면 모두가 떠나가 결국 혼자 남게 된다. 그걸 깨닫지 못하면 마음껏 권력을 누리고 재산을 쌓아둬도 늘 전전긍긍하는 삶을 살 뿐이다. 마음이 여유롭고 너그러우면 족하다. 인생, 별거 아니다.

특허를 포기합니다

눈앞의 이익을 보면
의로움을 먼저 생각한다

세상에 공짜는 없다. 발명이건 개발이건 오랜 시간과 노력 그리고 엄청난 비용이 들어간다. 그렇게 자원을 투입한다고 해도 성공한다는 보장은 없다. 확률이 지극히 낮은데도 사람들이 발명이나 개발에 매달리는 건 성공의 대가가 크기 때문이다. 또한, 그 결과가 많은 이들에게 커다란 이로움을 가져다준다는 사명감 때문이기도 하다. 이처럼 연구 개발이 성공했을 때, 그 결과에 대해 법으로써 권리를 보호해준다. 그게 바로 특허권이다. 에이브러햄 링컨은 "특허제도는 천재의 불꽃에 보상이라는 기름을 붓는다"라는 유명한 말을 남겼다. 특허를 통해 막대한 이익을 얻은 사람들이 꽤 많다. 또한, 특허 기술 덕분에 우리의 삶이 윤택해지고 행복해지는 경우도 많다. 나는 공적인 이익을 가져온 특허에 고마움을 느낀다. 특허를 등록한 사람이 큰 이익을 얻는 것을 비난하지 않는 이유는 그 특허가 사회적으로 더 큰 이익을 낳았다는 사실을 알기 때문이다. 그런데 상당한 부를 가져다주는 특허를 포기한 '바보'(?)들이 있다.

이제는 소아마비로 고통받는 아이들이 별로 없지만 내가 어렸을 때만 해도 자주 볼 수 있었다(1995년 세계 대부분의 지역에서 소아마비는 자취를 감췄다. 2010년 세계보건기구는 소아마비의 종식을 공식 선언했다). 한 반에 한 명쯤은 있었던 듯하다. 체육 시간에 운동장 근처 나무 그늘에 앉아 다른 친구들이 뛰노는 모습을 선망 어린 눈으로 바라보던, 소아마비를 앓던 친구의 모습이 지금도 눈에 선하다. 야만스럽게도 그 시절에는 장애인을 돕기는커녕 불편하고 삐딱한 시선으로 바라보았다('장애인'이라는 명칭도 없었고 '불구자'나 듣기 민망한 멸칭으로 부르곤 했다). 몸이 아픈 것도 서러운데 멸시와 차별의 시선까지 감내하는 것이 얼마나 힘들었을까. 내 친구 중에는 그런 시선과 차별에서 벗어나려고 부모님과 함께 미국으로 이민을 간 경우도 있었다.

미국이라고 해서 소아마비의 공포에서 벗어난 것은 아니었다. 1950년대 미국인들은 원자폭탄보다 소아마비를 더 무서워했다. 특히 여름이 되면 더욱 성행했기에 어린아이를 둔 부모들은 여름이 되면 전전긍긍했다. 처음에는 독감에 걸린 줄 알았는데 갑자기 온몸이 마비되고 부분적으로 경련하기도 했으며 심하면 사망으로 이어졌으니 그 공포가 어마어마했다. "도시 지역의 시민들은 매해 여름 이 끔찍한 방문자에 대한 공포에 떨고 있다"라는 말이 나올 정도였다. 특히 아이들이 이 병에 취약했다. 소아마비에 걸린 아이들은 다리를 잃거나 허무하게 죽어갔다. 성인들도 소아마비의 공포를 완전히 피해갈 수는 없었다. 미국의 유일한 4선 대통령인 프랭클린 루스벨트는 대통령이 되기 전인 1921년, 서른아홉의 나이에 소아마비에 걸려 두 다리가 불구가 되었다. 이후 그는 소아마비국립재단을 세워 소아마비를 일으키는 폴리오바이러스의 백신 개발을 위한 재정 지원을 아끼지 않았다.

물론 폴리오바이러스에 감염된다고 해서 모두 소아마비에 걸리는 것은 아니었다. 폴리오바이러스 감염자의 70퍼센트 정도는 별일 없이 회복되었다. 하지만 나머지 30퍼센트는 죽거나 평생 팔다리가 마비된 채 살아야 했다. 미국에서만 해도 1952년에 5만 8,000건의 소아마비 환자가 발생했고 그중 3,145명이 사망했다. 사람들은 공포에 떨며 전전긍긍했지만 대책이라고는 군중들이 모이는 대표적인 장소인 영화관, 수영장, 술집 등을 폐쇄하는 것밖에 없었다. 백신이나 치료제와 같은 직접적인 해결책은 부재했다.

그런 와중에 소아마비 환자를 돕기 위한 다양한 사회적 운동이 일어났다. 케니라는 헌신적인 수녀의 뜻을 이어가기 위해 설립된 '케니 수녀 연구소 Sister Kenny Institute'의 자원봉사자 수천 명은 소아마비에 걸린 아이들의 집을 직접 방문해 팔다리를 마사지해주었다. 당시에는 어린 환자들을 움직이지 못하게 하는 게 관행이었으니 그에 비하면 상당히 진보적인 치료 방식이었다. 그러나 이런 사회운동으로는 근본적으로 소아마비 문제를 해결할 수 없었다. 소아마비 치료제 개발이 본격적으로 시작된 것은 프랭클린 루스벨트 대통령에 의해서였다. 앞서도 언급했지만 자신도 소아마비를 겪었기에 그 누구보다 소아마비로 인한 고통을 잘 알고 있었다. 그는 1938년 소아마비국립재단의 설립을 지시했고, 소아마비를 유발하는 원인인 폴리오바이러스를 막아낼 백신 개발에 적극적으로 재정 지원을 하기로 결정한다.

미국의 의학연구자이자 바이러스학자인 조너스 에드워드 소크 Jonas Edward Salk, 1914~1995는 이와 같은 소아마비 백신 개발 과정에서 중요한 역할을 한 인물이다. 뉴욕의 가난한 러시아계 유태인 부모 밑에서 태어난 소크는 변호사가 되고 싶었다. 그는 가족들 가운데 유일하게 대학에 진학한 사람이었다. 그러나 소크의 어머니는 아들이 의사가 되기를 소망했고, 결국 어머니의 뜻에 따라 의사가 되기로 한 그는 뉴욕시립대학교 화학과를 졸업한 뒤 뉴욕대학교 의과대학원에 진학한다. 진로를 의료인으로 결정한 후 그는 개업의보다는 내과의학 연구자가 되고 싶어 했다.

1947년 피츠버그대학교 의과대학의 바이러스 연구소 소장으로 임명된 소크는 이듬해인 1948년 다른 종류의 소아마비 바이러스를 판정하기 위해, 소아마비국립재단이 설립한 프로젝트를 맡게 되고, 이를 소아마비 백신을 개발하기 위한 기회로 삼았다. 그러나 여러 해가 지나도록 뾰족한 답을 얻지 못했다. 그는 자신이 구성한 숙련된 연구팀과 함께 무려 7년 동안 헌신적으로 소아마비 백신 연구에 매달렸다. 소크는 당시의 지배적인 과학적 견해와는 달리 사멸된 소아마비 바이러스로 구성된 그의 백신이 환자를 감염시킬 위험 없이 소아마비 바이러스에 대한 면역력을 키워줄 수 있다고 믿었다. 하지만 가설을 확인하기 위해 아무에게나 백신을 실험해볼 수는 없는 노릇이었다. 궁여지책으로 소크는 소아마비를 앓지 않아 면역력이 없는 자신을 비롯해 연구실의 과학자, 아내, 자녀들을 포함한 지원자들에게 백신을 투여했다. 결과는 성공적이었다. 소크의 연구팀이 개발한 소아마비 백신을 접종한 사람들 모두에게 소아마비 항체가 생겼고, 다행스럽게도 백신에 대한 부정적인 반응은 없었다.

역사학자 윌리엄 오닐은 이 프로젝트를 '2만 명의 내과의와 공중보건 공무원, 6만 4,000명의 학교 직원, 22만 명의 자원 봉사자가 참여한, 역사상 가장 정교한 프로그램'이라고 기록했다. 안전성을 확인한 소크의 연구팀은 180만 명 이상의 어린이들을 대상으로 백신의 효과를 시험했고, 마침내 1955년 백신 개발이 성공했음을 공식적으로 공표했다. 소아마비의 공포에서 벗어날 수 있게 된 사람들은 소크를 '기적의 일꾼'으로 부르며, 소아마비 백신 개발의 성공을 공표한 4월 12일을 거의 국가 공휴일처럼 여겼다. 소크는 전국적인 존경을 받았다. 드와이트 아이젠하워 대통령은 백악관에서 그를 "인류의 은인"으로 기리며 미국 최고의 영예인 대통령자유훈장을 수여했다. 또한, 미국 의회는 그에게 의회명예황금훈장을 수여했다.

이윽고 백신 개발의 성공을 목격한 수많은 제약회사들은 그에게 특허를 양도하라고 제안했다. 특허를 양도하는 대가로 거금을 제시했음은 물론이다. 만약 소크가 이 제안들을 받아들였다면 그는 어마어마한 돈방석에 앉았을 것이다. 당시 그가 특허를 양도했다면 지금까지 벌어들였을 것으로 추정되는 돈은 무려 70억 달러, 한화로 약 8조 원에 가깝다. 팔자를 몇 번이나 고치고도 남을 엄청난 돈이다.

수많은 제약회사들이 그를 찾아와 자신들과 함께 특허를 등록하면 큰돈을 벌 수 있다고 제안했다. 그러나 그는 그 제안들을 단칼에 거절했다.

"내가 일을 하면서 버는 돈으로도 사는 데 전혀 지장이 없습니다."

사람들은 소크에게 누가 백신의 특허권을 갖고 있느

냐고도 물었다. 엄청난 부를 얻을 수 있는 권리이니 그 권리를 누가 소유했는지 궁금한 것이 인지상정이었다. 그러나 소크는 단호하게 대답했다.

"이 백신은 달리 특허랄 게 없어요. 태양에도 특허를 낼 건가요?I would say. There is no patent. Could you patent the Sun?"

소크는 소아마비 백신에 대한 특허를 별도로 신청하지 않고, 소아마비 백신 제조 기술을 무료로 공개했다. 소크의 바람은 단 하나였다. 안전하고 효과적인 백신을 가능한 한 빠르게 개발하여 무고한 생명을 살리고, 소아마비 바이러스에 감염된 이들이 장애의 나락으로 빠지는 것을 막는 것이었다. 그는 오로지 공공의 이익에만 관심을 가졌다. 소크가 특허를 포기함에 따라 세계보건기구를 통해 보급되는 소아마비 백신의 공급 단가는 단돈 100원에 불과하다. 덕분에 이제는 전 세계적으로 소아마비 환자가 백신 출시 이전과 비교하면 1퍼센트 이하 수준으로 감소했다. 소크와 그의 연구팀이 개발한 백신이 대중에게 접종된 이후인 1957년에는 소아마비 발생 건수가 5,600건으로 줄었고, 1961년에는 무려 161건으로 줄었다. 막대한 부를 포기한 소크를 어리석다 여기는 이들도 있을 것이다. 그러나 그는 보다 더 많은 이들이 좋은 결과를 공유할 수 있었던 것에 만족했고 행복해했다.

코로나 팬데믹의 위기 상황에서 백신을 개발한 모더나, 화이자, 아스트라제네카 같은 제약회사들은 막대한 이익을 얻었다. 이들의 행보와 견줘보면 새삼 소크의 인격과 품성이 얼마나 고귀했는지를 깨닫게 된다.

누구나 부자를 꿈꾼다. 그러나 돈보다 더 큰 가치와
의미가 무엇인지 아는 사람은 흔치 않다.
그 사람들의 인격과 품위가 있었기에
오늘날 우리가 당연한 듯 누리는 게 많다.
적어도 그들의 삶을 기억해줘야 한다.
그게 혜택받은 이들의 의무다.

세상에서 가장 아름다운 영어

이웃을 아는 가장 좋은 방법은
내가 이웃이 되는 것이다

경의선 전철을 타고 가다가 한 남성이 열심히 책을 읽고 있는 모습이 눈에 띄었다. 청년이라기에는 나이가 조금 더 들어 보이고 그렇다고 중년의 문턱에는 들어서지 않은 듯했다. 외국인이었기에 정확한 나이를 가늠하기가 더 어려웠다. 얼굴은 가무잡잡하고 콧날은 우뚝 선 외모로 보아 그는 인도나 파키스탄 사람 같았다. 요즘 인도인들이 IT

업계에 많이 진출했다더니 그런 사람 가운데 한 명인지도 모르겠으나 그의 입성으로 봐서는 사무직이나 연구직에 종사하는 사람처럼 보이지는 않았다. 부끄럽게도 이런 생각조차 사람을 외모로 판단하는 편견이겠지만. 한낮의 경의선 전철은 한가해서 자리가 넉넉하다. 그런데 이상하리만치 그의 옆자리는 텅 비어 있었다. 자리에 여유가 있으니 승객들이 일부러 그의 옆에 앉지 않으려는 것 같았다. 나는 그가 읽고 있는 책이 궁금해 일부러 그의 옆에 앉았다.

그는 허먼 멜빌의 《모비 딕》을 읽고 있었다. 독서에 열중하던 그가 갑자기 고개를 돌려 나를 바라보더니 씩 웃었다. 그에게 나도 그 책을 재미있게 읽었다는 말을 건네자 자연스럽게 대화가 이어졌다. 그는 제법 한국어를 야물게 구사했다. 이야기를 나눠보니 방글라데시에서 고등학교 교사를 하다가 한국에 돈을 벌기 위해 온 이른바 외국인 노동자였다. 인근 가구공단에서 일한다고 했다. 고등학교에서 아이들을 가르치던 사람이 멀고 추운 나라에까지 와서 일해야 하는 처지가 안쓰러웠다.

일부 우리나라 사람들이 외국인 노동자들을 멸시하는 경향이 있어서 혹여 그가 그런 불쾌함과 불이익을 당하지는 않았을지 내심 걱정도 되었다. 그래서 조심스럽게 그런 일들을 겪었는지 물어봤다. 가지런한 치아를 그대로 드러내며 웃는 그는 예전 사장은 아주 혹독하고 잔인한 사람이었다고 했다. 임금도 제대로 주지 않고 심지어 폭언과 폭행까지 일삼았다는 말을 듣는 순간 얼굴이 화끈거렸다. 마치 나도 공범인 양 미안하고 부끄러웠다. 그러나 그는 여전히 넉넉한 웃음을 얼굴에서 지우지 않았다.

"그 사장은 정말 죽이고 싶을 만큼 미웠어요. 하지만 지금 사장님은 참 좋아요. 함께 노력해서 같이 성공하자며 격려하고 늘 도와주고 싶어 해요. 우리 사장님 고생해요. 나도 알아요. 그래서 열심히 일해요. 우리 사장님 돈 걱정 안 하게 하는 게 나도 좋은 거니까요. 이 옷도 우리 사장님이 주신 거예요. 세상엔 나쁜 사람도 있지만 좋은 사람 더 많아요."

그 말에 얼마나 안도했는지 모른다. 그가 다니는 가구 공장 사장은 자신도 젊었을 때 사우디아라비아에 가서 일했기 때문에 외국인 노동자들의 삶이 얼마나 힘든지 안다고 했다. 강한 사람에겐 비굴할 만큼 약하고, 약한 사람에겐 잔혹하게 구는 사람들이 있다. 올챙이 시절 기억하지 못하는 개구리 같은 인간들도 많다. 이제 조금 사는 게 나아져서(그러나 여전히 사는 게 힘들고 버겁기는 마찬가지이지만) 먹고살 만하니까 너도나도 힘들고 거친 일은 하지 않으려 하다 보니 막상 일꾼을 구하지 못하는 세상이 되고 말았다. 그 일을 외국인 노동자들이 대신한다. 몇 년 고생해서 고국에 있는 가족들에게 보탬이 되려고 말도 통하지 않고 문화도 다른 나라에 와서 열심히 일한다. 그러나 나쁜 고용주들로부터 착취당하고 멸시받기 십상이다. 그뿐인가. 외국인 노동자들을 바라보는 사람들의 시선도 차갑다.

그들도 모두 제 나라에서는 가정을 꾸리고 살던 가장이었다. 어엿한 직장과`직업을 가진 것은 물론이고 수준 높은 교육을 받은 이들도 많다. 그들을 인격적으로 대하고 조금이나마 열린 태도를 갖는다면 이들도 대한민국에 대해 섭섭함과 증오는 갖지 않을 것이다. 우리도 지난날 곤궁하고 힘든 시절을 견뎌내고 이만큼 성장하지 않았는가.

나는 그가 이 나라에서 열심히 일해서 그의 말처럼 그가 다니는 회사 사장도 돈 걱정하지 않고 그도 돈을 많이 벌어서 제 나라로 돌아가 자신의 바람대로 살 수 있기를 마음속으로 빌었다. 그가《모비 딕》을 읽는 지성을 가졌기 때문이 아니라 힘든 삶을 살아가는 중에도 정신의 토양을 포기하지 않는 생에 대한 진지함을 지니고 있었기 때문이다.

그 외국인 친구보다 먼저 전철에서 내려 집으로 돌아

가는 길, 나는 아주 오래전 한 다큐멘터리 프로그램에서 본, 투박한 외모에 늘 웃음을 잃지 않던 한 목사님의 삶을 떠올렸다. 그 다큐멘터리에서 내 시선을 붙잡은 것은 목사님이 구사하는 영어였다. 목사님이 한밤중에 구닥다리 프라이드 승용차를 몰고 누군가를 데리러 가는 장면이었다. 하도 낡아서 가다가 갑자기 서버릴 것만 같은 차를 몰고 가면서도 목사님의 입가에서는 연신 웃음이 떠나지 않았다.

차는 계속해서 어둠 속을 달렸다. 서울 근교에도 저렇게 외진 곳이 있을까 싶은 곳에 이르렀을 때 두 사람의 검은 얼굴이 보였다. 목사님은 연신 주변을 두리번거리며 불안과 공포의 표정으로 서 있던 그이들을 보자마자 덥석 껴안으며 짧은 영어로 그들을 맞았다. 한 사람은 나이지리아에서, 또 한 사람은 파키스탄에서 온 외국인 노동자였다. 나쁜 사업주를 만나 임금도 받지 못하고 매까지 맞아가며 온갖 힘든 일을 견디다 못해 도망쳐 나온 이들이었다.

그들을 데리고 온 길을 되밟아 도착한 목사님의 집은 조금 전에 봤던 그 동네만큼이나 외지고 허술한 곳에 있었다. 목사님이 머무는 집과 교회 모두 초라했지만 거기에는 따뜻한 사랑이 가득하다는 걸 느낄 수 있었다. 사모님은 그들을 위해 따뜻한 밥상을 차렸다. 다음 날 목사님은 두 외국인 노동자를 데리고 여기저기 일자리를 찾아다녔다. 이왕이면 선한 사장님들을 찾아다니며 일자리를 부탁했다. 그러나 경기가 어려웠던 탓에 일자리를 구하기가 생각보다 어려웠다. 목사님은 기대와 불안의 눈을 껌뻑이던 두 사람에게 돌아와 애써 웃으며 말했다.

"돈트 워리. 유 캔 갓 어 조브Don't worry. You can got a job. 위 아 올 프렌드. 네버 기밥We are all friends. Never give up."

발음은 구닥다리에 시제도 문법도 모조리 무시된 영어였다. 콩글리시라고 하기도 어려운, 묘한 낱말들의 조합으로 만들어진 문장이었다. 그러나 목사님의 따뜻한 마음이 담긴 투박한 영어 문장은 어떤 세련된 말보다 정겨웠다.

"리멤바 유어 훼미리 앤드 유 윌 윈Remember your family, and you will win."

가족만 기억하면 못 이겨낼 일이 없다는 의미의 말에 굳어 있던 두 외국인 노동자의 표정이 일거에 풀어졌다. 일요일이면 목사님은 당신과 인연을 맺고 있는 많은 외국인 근로자들과 함께 예배를 드렸다. 그이들이 헌금을 낸들 그게 얼마나 될까 하는 계산이 먼저 앞서는 나의 속물근성이 부끄러워질 만큼 목사님과 함께하는 외국인 노동자들의 표정은 충만하고 행복해 보였다. 목사님과 사모님은 그

이들을 일일이 껴안아 환대해주었을 뿐만 아니라 따뜻한 밥 한 끼라도 넉넉히 먹이기 위해 분주했다. 다큐멘터리를 보는 내내 눈물이 나지 않을 도리가 없었다. 현실이 조금만 힘들어도 투덜대는 내가 부끄러웠다.

　모두들 영어를 배운다고 난리다. 유치원 아이들까지 어린 시절부터 영어 광풍이라는 회오리바람에 내몰리는 지경이다. 그만큼 영어를 잘하는 사람들도 많아졌다. 그러나 나는 이제껏 그 목사님이 구사한 영어처럼 용감하고 아름다운 영어를 본 적이 거의 없다. 목사님의 투박한 영어가 아름다웠던 것은 힘없고 가난한 사람들을 위해 사용된 까닭이다. 그 어떤 유창하고 화려한 영어보다 발음도 문법도 엉성했던 그 질박한 영어가 세상에서 가장 아름답다고 생각하는 이는 아마도 나뿐만은 아니지 싶다.

입장을 바꿔 생각해보면 적어도
남 등치는 짓은 하지 않을 것이다.
누군가 내게 베푼 작은 선의 하나가
세상을 바라보는 마음을 바꾸게 할 수 있다.

257

그 이름을 기억하나요?

누군가 기억해야 할 사람이 있다는 것만으로도
축복이다

안전의 대명사로 불리는 볼보는 1959년 삼점식 안전
벨트를 개발했다. 안전벨트는 이제 모든 자동차에 장착이
필수인 구성품이다. 놀라운 것은 볼보가 자신들이 개발한
안전벨트에 대한 특허권을 등록하지 않았다는 사실이다.
이윤을 추구하는 게 마땅한 기업으로서 놀라운 행보가 아
닐 수 없다.

"운전자들의 안전을 담보로 돈을 벌고 싶지는 않습니다."

소비자들이 볼보를 신뢰하는 이유는 단순히 볼보에서 생산한 자동차의 견고성과 안전성 때문만은 아니라고 생각한다. 특허를 통해 벌어들일 수 있는 엄청난 이익을 포기하면서까지 모든 운전자들이 치명적인 위험에서 벗어날 수 있어야 한다는 신념을 추구했기 때문이다.

이처럼 자발적으로 특허를 포기한 기업들이 제법 있다. 토요타는 자사가 소유한 하이브리드 자동차와 관계된 발명 특허를 모두 공개했다. 1976년 VHS 방식의 VCR을 개발한 JVC는 한 해 전 베타 방식의 VCR을 개발한 소니와 달리 특허권을 등록하지 않았다. 사실 토요타와 JVC가 특허 등록을 포기한 것은 시장의 확대를 꾀하고 자신들의 상대적 우월성을 확보, 유지하기 위해서였다. 토요타는 2019년에 2만 3,740개에 달하는 하이브리드 관련 특허를 '2030년까지' 무상으로 사용할 수 있도록 공개했다. 이러한 토요타의 행보는 그동안 특허에 막혀 동력 전달 및 최적점 배분 설계 문제를 해결하지 못했던 경쟁사들에게 길을 열어주었다. 하지만 토요타의 이와 같은 결정은 공익을 위해 자신의 이익을 포기한 행위라고 보기에는 어려운 지점이 있다.

토요타의 한시적인 특허 공개 덕분에 하이브리드 차량 출시를 꺼렸던 다른 자동차 회사들이 신차를 내놓으면서 하이브리드 자동차 시장이 전체적으로 확장되었고, 업계 선두주자였던 토요타가 그로 인해 가장 큰 이득을 획득했기 때문이다. 즉, 토요타가 특허를 한시적으로 개방한 것은 먼 미래에 거둘 상업적 성공과 이익을 위해서였다. 반면, 볼보는 모든 자동차가 생명을 보호할 수 있는 장치를 설치할 수 있도록 과감하게 독점의 유혹을 포기한 것이고, 그 과정에서 아무런 경제적 이익을 취한 게 없다는 점을 고려할 때 기업의 역사에서 보기 드문 케이스라 할 수 있다.

현대인치고 단 하루도 인터넷을 사용하지 않는 사람이 있을까? 우리는 거의 매일 구글, 야후, 네이버 같은 인터넷 서비스 네트워크는 물론이고 메타(예전의 페이스북)나 X(예전의 트위터) 그리고 유튜브 등의 소셜 네트워크 서비스를 사용한다. 길을 걸으며 스마트폰으로 계좌이체를 하거나 강변 둔치에서도 음식 배달을 시킬 수도 있다. 이토록 생활의 편의성을 높여주는 인터넷이 사라지게 되면 과연 어떤 일이 일어날까? 상상하기도 어려운 혼란과 절망 상태에 빠질 것이다.

　이렇게 인터넷에 의존하며 살아가지만 우리는 의외로 인터넷을 만든 이에 대해서는 잘 모른다. 오늘날 'WWW'의 기초가 된 시스템을 개발한 인물은 티머시 존 버너스 리 Timothy John Berners Lee, 1955~라는 사람이다. 흔히 '팀 버너스 리'로 불리는 그는 런던에서 태어나 옥스퍼드대학교 물리학과를 수석으로 졸업한 인물로 1980년 CERN(유럽입자물리연구소)에서 컨설턴트로 일하면서 '문의 시스템'을 개발했다. 당시 연구원들은 늘 새로운 연구 과제를 수행해야 했는데, 그럴 때마다 자신의 연구와 관련된 과거 자료를 일일이 찾아야 했다. 버너스 리는 매번 자료를 찾아야 하는 일이 너무 비효율적이라고 생각했다.

　이후 잠시 CERN을 떠났다가 1984년에 재입사한 버너스 리는 정보검색 시스템 구축 작업에 참여한다. 당시에도 인터넷은 이미 1960년대에 개발되어 연구소나 대학 등 여러 연구 기관에서 사용하고 있었지만, 각 기관마다 관리 시스템이 달라서 접근성이 떨어졌다. 또한, 갈수록 연결되는 컴퓨터 수가 늘어남에 따라 네트워크가 너무나 복잡하게 엉켜 있었다. 버너스 리는 1989년 CERN의 정보 시스템에 착안해 전 세계의 망을 하나로 묶는 거대한 인트라넷에 대한 영감을 떠올렸다. 모든 데이터를 통합할 수 있는 인터넷 공간을 만든다는 발상이었다. 'WWW'의 시작이었다. 'WWW'는 'World Wide Web'의 약자로 흔히 웹으로 불리는 이것은 오늘날 인터넷 시스템을 지칭하는 기호가 되었다. 버너스 리는 웹과 컴퓨터를 연결하는 'http 프로토콜(통신규약)'과, 각 사이트로 갈 수 있는 'URL('Uniform Resource Locator'의 약자로 인터넷의 WWW에서 서버가 있는 장소를 지시하는 방법)'을 고안하기도 했다.

버너스 리는 동료 로베르 카이오와 함께 연구한 끝에 1990년 12월 25일, 세계 최초의 웹사이트를 열었다. 월드와이드웹 관련 기술들을 만들어 대중에게 인터넷이라는 신세계를 펼쳐준, 월드와이드웹의 발명자였던 버너스 리는 1990년대 이후 인터넷 관련 표준을 수립하고 관련 정책을 주도하며 인터넷의 실제적인 관리자로 활약했다. 그는 오늘날 우리가 사용하는 인터넷의 기본 뼈대부터 운용 방식까지 두루 만든 장본인인 것이다. 가히 '인터넷의 아버지'라고 불려도 손색이 없는 인물이다.

많은 사람들이 그가 발명한 월드와이드웹의 영향력이 구텐베르크의 활판인쇄술에 버금간다고 말하기도 하는데 이는 결코 과장이 아니다. 소소한 업데이트가 있긴

하지만 월드와이드웹은 오늘날에도 가장 핵심적인 네트워크 운용 방식의 바탕이다. 그렇다면 이런 원천적인 기술을 발명한 버너스 리는 엄청난 돈을 벌지 않았을까? 전 세계 모든 사람들이 고객이 되었으니 말이다.

그런데 이 사람을 기억하는 이들은 뜻밖에도 별로 없다. 마이크로소프트의 빌 게이츠가 세계 최고의 부자임을 모르는 이가 거의 없다는 것과 비교해봐도 참 특이한 일이다. 구글 창업자 세르게이 브린과 래리 페이지, 메타의 마크 저커버그 등 오늘날 IT 업계의 세계적인 거부들은 버너스 리의 연구 결과물이 없었다면 지금의 부와 명예가 아예 불가능했을지도 모른다.

놀랍게도 이렇게 엄청난 결과물을 만들어낸 장본인은 월드와이드웹을 비롯해 자신이 고안해낸 다른 여러 기술들에 대해 특허 출원을 하나도 신청하지 않고, 해당 기술을 모두 무상으로 세상에 공개했다. 이쯤 되면 그가 바보가 아닐까 싶은 생각이 들 정도다. 그는 자신이 벌어들일 수 있는 천문학적 이익을 도대체 왜 포기했을까? 그는 언론과의 인터뷰도 극구 사양했는데 기자의 끈질긴 물음에 마지못한 듯 이렇게 말했다.

"저는 이미 만들어진 성과에 작은 일을 더했을 뿐입니

다. 웹을 만들 때에도 수많은 사람과 함께 작업했으며 이후 웹이 확산된 것도 수많은 정신이 합쳐져서 가능했습니다."

버너스 리는 돈과 명예를 탐하지 않았다. 그는 기술을 무료로 개방하고 특허를 공개한 이유를 간단히 요약해서 이렇게 말하기도 했다.

"웹은 누구의 소유도 아닌 자유와 평등의 공간이어야 한다."

자신이 얻을 수 있는 당장의 이익보다 인터넷의 자유로운 발전을 위한 과감한 선택이었다. 덕분에 인터넷은 빠른 속도로 발전할 수 있었다. 사람들은 그의 용기 있는 선택에 열광하며 찬사를 보냈다. 이 일로 버너스 리는 2004년 기사 작위를 받았으며 '컴퓨터과학계의 노벨상'이라고 할 수 있는 튜링상을 받았다. 그는 유머 감각도 꽤 뛰어났는데, 2009년 URL의 입력 방식과 관련해 자신이 저지른 실수(?)를 고백하기도 했다. 우리는 URL을 입력할 때 2개의 슬래시를 붙이는데(http://) 버너스 리의 말에 따르면 사실은 별다른 의미 없이 붙였다는 것이다. 그는 이에 대해 정중히 사과하면서 익살스럽게 말했다.

"그 슬래시만 안 붙였어도 잉크를 절약하거나 시간이 덜 낭비되었을 것입니다."

'정보의 유통은 자유로워야 한다'라는 그의 신념과 용기 있는 선택 덕분에 오늘날 우리는 굉장한 편의를 누릴 수 있게 되었다. 개인의 이익보다 다수의 혜택을 생각하는 것은 일종의 희생정신에 가깝다. 이런 희생정신을 발휘한 이의 이름을 기억하는 것, 그것은 그이 덕분에 편리함을 누리는 우리들의 몫이 아닐까.

때로는 과다한 돈이 사람을 망친다.
받을 자격이 있어도 모두를 위해 그 권리를 포기하는
사람들이 있어서 세상은 살 만해진다.
겸손과 이타심만으로도 존경스러운데
그 존재를 아예 망각하는 건
동시대인의 도리가 아니다.